英語で読む哲学

研究社

はじめに

入不二基義

　私は哲学を専門とする大学教員であるが、大学院生とオーバードクターのころ、駿台予備学校で英語を教えていた。哲学的な内容の英文を選んで自分の講座のテキストを作成したり、英語の教え方の中に哲学的な視点を忍び込ませたりして、私は予備校で教えることの楽しさにはまっていった。その当時の駿台英語科主任で、受験英語の世界の神様的な存在として君臨していたのが、故・伊藤和夫先生だった。

　先生と私は、親子ほどの年齢差と立場上の高低差がありながら、不思議なほど深い交流をした。二人とも根っからの「哲学体質」であり、その「体質」の者どうしのお喋りや議論でしか満たすことのできない欲求を持っていた。英語の教え方や予備校内の政治や人間関係のすべてが、その欲求の格好の題材となって、私たちは何度となく酒席を共にし、議論を重ねた。

　大学に職が決まって駿台を辞めるときに、私は『＜思考する＞英文読解』（駿台文庫・絶版）という参考書を記念の意味もこめて出版してもらった。その序文には、伊藤先生の推薦のことばが記されている。一部引用しよう。

　　入不二基義氏は、私が信頼し、嘱望する、哲学の若き学徒です。哲学と英語は無関係のように思えるかもしれませんが、言葉は、あらゆるものを映す可能性を秘めている点で、世界と宇宙の鏡です。哲学は世界と宇宙を、最も包括的体系的にとらえようとする試みですから、哲学の中には、言葉——ロゴスに対する深い関心が昔からあったのです。

　本書『英語で読む哲学』のいちばん古い出発点は、きっと「あの頃」にま

はじめに

で遡るだろう。本書のコンセプトは、「英語で書かれた優れた哲学論文を、英語・哲学両方の解説を加えながら精読する」であるし、しかも、本書の担当編集者は佐藤陽二さんだからである。佐藤さんは、伊藤先生がもっとも頼りにしていた編集者であり、先生の『英文解釈教室』(研究社)を始めとする多くの名著を世に出した方である。「あの頃」にまで遡る三人のつながりが、あたかも本書を産み出したかのようである。

「私が信頼し、嘱望する、哲学の若き学徒です」と伊藤先生から書いてもらった私も、すでに五十歳半ば近くになり、私が出会った頃の先生の年齢に近くなった。そして、こんどは私自身が「本書の五人の執筆者は、私が信頼し、嘱望する、哲学の若き学徒です」と紹介する側になった。

北野安寿子さん、小池翔一さん、小山悠さん、壁谷彰慶さん、今村健一郎さんの五名は、研究会でいっしょに活動している若手の哲学研究者であり、自ら執筆を希望して手を上げてくれた積極的な五人である。扱う英文の選定に関しても、彼らの鑑識眼に依るところが大きい。ふだん自分の研究の一作業としてやっているような「論文読み」や「議論の整理や俯瞰」を、一般の読者にも伝わるような形で呈示すること。これが、今回彼らに取り組んでもらった課題である。彼らの適切なガイドに助けられて読むことによって、一人では読み解けないレベルの英文でも、霧が晴れるように明瞭に分かるという体験を、読者のみなさんに味わっていただけるのではないかと思う。

先ほどの引用文で、伊藤先生は「言葉は世界と宇宙の鏡である」と書いていたが、私は「言葉は思考と感受性の身体である」と付け加えてみたい。

身体は、重さや抵抗を持つからこそ、所作や運動を紡ぎ出せる。重さや抵抗があることは、動くための制約にもなるが、まずは動くための可能性そのものである。同様に、言葉が「重さや抵抗」を感じさせる物質性を帯びていることは、思考や感性にとっての単なる夾雑物ではなくて、思考し感じるための可能性そのものである。

特に、母語ではない言語の場合には、とりわけその「重さや抵抗」は大きい。

外国語を学ぶことの意味の一つは、その「重さや抵抗」を利用して、粘度の高い媒体の中で、思考や感受性を鍛え上げていくことにあるだろう。本書は、その格好の素材を提供する。

　本書で扱う五つの英文は、どれも本格的な「哲学の文章」そのものであって、お子様向きにリライトされた文章ではない。しかも、一流の哲学者たちが手加減なく思索している場面が展開する。だから、「易しく」「分かりやすい」はずがない。かなりの「重さや抵抗」が感じられるだろう。しかし、「易しく」「分かりやすく」できるところは、そのための工夫を解説者の五人が施してくれているので、安心して「重さと抵抗」を楽しんでいただきたい。

　第1講から第5講まで、比較的読みやすい文章から始めて、英文と哲学の難度が上がっていく順序に並べてある。しかし、各章の英文はそれぞれ独立の作品であるし、解説も各章独立に読むことができるように書かれているので、興味を持った章から読み始めることができる。あるいは、「心」と「私」というテーマのつながりで第2講と第5講をいっしょに読んだり、「徳」の問題つながりで第3講と第4講を比較したり、という読み方もできるだろう。でもやはり、第1講の英文が、最初に読むのに相応しい気がする。

　第1講のマイケル・サンデル『正義』は、私も今回初めて英文で読んだ。もちろん、彼が講義の名手であることは知っていたが、書き手としても名手であることが分かった。その英文は端正で読みやすく、文章構成も巧みである。北野安寿子さんは、そのサンデルの良さを、より際立たせてくれる形で解説してくれていて、「正義」をめぐる哲学的な思考への良き案内人を務めてくれている。北野さんの解説・訳には、先行する翻訳への「批判」も含まれているので、より踏み込んで考えてみたい人には、比較してみることをお勧めしたい。

　第2講のギルバート・ライル『心の概念』は、「心の哲学」と呼ばれる哲学領域の古典である。しかも、小池翔一さんが選んで解説してくれた箇所は、「意志作用などというものはない」ことを論証しようとする有名な議論である。

はじめに

　ライルの議論は、特に難解な用語もなく、また専門的な知識も必要とされないので、純粋に哲学的な思考をすることがどういうことかを知るための、いい見本になっている。小池さんは、ライルの思考に寄り添いながら、軽快な解説を展開することによって、哲学をすることの楽しさをうまく伝えてくれている。

　第3講は、アラスデア・マッキンタイアの「美徳とは何か」(『美徳なき時代』)である。「美徳」は、「悪徳」以上に私たちにとって馴染みの薄い概念になっているかもしれない。しかし、小山悠さんの「はじめに」の解説が、マッキンタイアの思索が「道徳」の深部を抉るような強烈なものであることを教えてくれるので、英文を読む前から楽しみが増し期待感が高まることだろう。マッキンタイアの英文は、けっして読みやすいものではないけれども、小山さんの解説に助けられて読み進めていくと、自らも「内的価値」について思考し始めているということになるかもしれない。

　第4講では、「脱道徳家 vs 人間らしさ」と題して、バーナード・ウィリアムズの「脱道徳家」の読解が展開される。ウィリアムズは、倫理学（道徳哲学）をよくある「大理論どうしの対決」という形では論じない。その細やかさや低空飛行性が、逆に彼の議論を捉えにくくもする。しかし、壁谷彰慶さんが、「往路」「折り返し点」「復路」というアウトラインによって議論の見通しをよくしてくれているし、壁谷さんの全編を通しての丁寧な解説が、「脱道徳家」という思考実験の意味を明晰にしてくれる。ウィリアムズの議論の面白さが、「何となく分かる」から「よく分かる」へと変わるだろう。

　第5講が、（英文としても、哲学の議論としても）おそらく最も難しい。エリザベス・アンスコムの「一人称」という論文である。アンスコムの主張は、「『私』という一人称代名詞は指示対象を持たない」という一言でまとめられるだろうが、この見解の持つ射程の大きさは計り知れないし、そこに至る議論は難解である。今村健一郎さんだからこそ、この難解な論文を一般読者に解説するという困難な課題を果たすことができたのだと思う。

　ちなみに、私の指導教官であった故・黒田亘先生が、大学院の演習でこの「一

人称」論文を扱ったことがあり、まだ大学院に入ったばかりだった私も、その演習に出席していた。あれほど高水準の会話が何時間も飛び交い、緊張感で空気まで薄くなるような「議論空間」は、あの頃の黒田ゼミにおいてのみ出現した希有な瞬間だった（といま振り返って思う）。今村さんの指導教官は一ノ瀬正樹さん（東京大学）だったと聞いているが、その一ノ瀬さんの指導教官が、やはり黒田先生だった。ここにもまた、「あの頃」にまで遡るつながりが、感じられる。

　本書が想定している読者層は、「本格的な哲学の英語論文を読んでみたいけれども、自分の力だけで読めるかどうかが不安である」という人たち、あるいは「手応えのある議論を展開している英文に挑戦することで、英文読解力をブラシュアップしたい」という人たちである。たとえば、大学院進学を目指している大学生、哲学に興味を持っている大学院生、そして、知的な関心と英語を読む訓練を結びつけたいと思っている社会人の人たち、である。本書に掲載された英文を、ガイドなしで読み解ける水準にまで到達できれば、もうそれ以上議論構造が難しいために読み解けないような英文に出会う可能性は、ほとんどゼロになるだろう。

2012 年 9 月記

凡　例

［１］…引用英文の第１パラグラフのこと。
¶ １…［１］と同じだが、解説中で使用。
§ １…複数のパラグラフから成る、全体の中の最初の区切りのこと。

目次

はじめに iii
入不二基義

第1講 理屈の闘い 1
――サンデルの『正義』を読む――
北野安寿子

第2講 ギルバート・ライル『心の概念』 41
小池翔一

第3講 アラスデア・マッキンタイア 85
「美徳とは何か」
小山 悠

第4講 脱道徳家 vs 人間らしさ 125
――バーナード・ウィリアムズ「脱道徳家」――
壁谷彰慶

第5講 エリザベス・アンスコム「一人称」 183
今村健一郎

第1講

理屈の闘い
——サンデルの『正義』を読む——

北野安寿子

英語の難易度　☆☆
内容の難易度　☆☆

第1講

はじめに

　本講では、マイケル・サンデルの *Justice : What's the right thing to do?*（以下『正義』と表記する）の最初の7ページを読む。倫理学や政治哲学の学説史を解説した本は世の中にゴマンとあるが、『正義』から得るべきはその種の知識ではない。正義に関する理屈の指南だ。道徳が政治化するとき、つまり、どんな法律が私たちの市民生活を支配すべきなのか、あるいは支配すべきではないのかを議論するとき、（なにかとウルサイ）他の共同体メンバーに対して、自分の道徳的、政治的信念を明瞭にする必要がある。だが、信念というものは一定のプロセスを経てはじめて明瞭になるものだ。文章を書いてみたら、自分の考えが驚くほど没論理だったということはよくある。他人と議論してはじめて、自分の主張がとどのつまり何だったのかわかることも多い。では、自分自身の道徳的、政治的信念を明瞭にするために、どういう作業を行えばいいだろうか。この問いに答えてくれるのが『正義』なのだ。

　サンデルが第一章の終わりではっきり断っているとおり、『正義』は思想史の本ではない[1]。むしろ、過去の哲学者のアイデアを借りながら、道徳と政治に関して、自分はどんな考えを持っているのか、そしてそれはどういう根拠に基づくかを見極める作業のガイドだ。彼はその作業を「旅」になぞらえる[2]。「旅」の主役はアメリカで、そして地球上の各地で市民生活を営む読者である。一人「旅」も悪くはない。しかし、道徳的、政治的信念を明瞭にするという目的からすれば、学術的論争の歴史を利用しない手はない。信念を明瞭にするとは、自分の考えを人にわかるようにすることだから、他人に通じる自分の理屈を見つけることに近い。長い時間と多くの論争の試練に耐えた学説は、「他人に通じる」理屈の標本だ。そういう学説が衝突するポイントを押さえていくうちに、「自分の立ち位置」も決まってくる。だから哲学史に通じたガイドが有用だ。

---

[1] 鬼澤忍氏による訳書（『これからの「正義」の話をしよう－いまを生き延びるための哲学－』早川書房　2010年刊）p. 43を参照。
[2] 同頁参照。

本講が提案する新訳も、学術的正確さと議論の理解の精確さに配慮している。『正義』はすでに鬼澤忍氏によって日本語に訳されている。訳出にあたっては鬼澤訳を参考にさせていただいたが、比較してみると、拙訳に鬼澤訳と大きく異なる箇所があることに気づかれると思う。

　本講で見ていくのは、「正しいことをする」と題された第一章の導入部とそれに続く節で、27個のパラグラフからなる。このうち正義の３つの要素（幸福、自由、美徳）を指摘する¶11がテキストの臍である。このパラグラフを中心として、その前と後に分けることができる。もう少し細かく区割りをすると、アウトラインは次のような４つの部分に分けられる。

アウトライン

§1　¶1〜¶9　事例——自然災害後の便乗値上げをめぐる論争

§2　¶10　問題提起（1）——論争の争点
　　¶11　正義の三要素
　　¶12〜¶14　第一、第二要素に基づく正義論

§3　¶15　問題提起（2）——第三要素の焦点化
　　¶16〜¶19　第三要素に基づく正義論
　　¶20〜¶22　第三要素に対する人々の態度

§4　¶23　問題提起（3）——第三要素にまつわるジレンマ
　　¶24〜¶27　ジレンマの由来

　ご覧のとおり、サンデルの議論は、事例から正義の３つの要素を引き出し、各々からどういう正義論が形成されるかを説明するという流れで進む。つまり、ガイドは正義の要素として押さえるべきは３つだと教えているわけだ。これは朗報だ。マイ正義論構築って意外となんとかなるかも、と思えてくる。

サンデルの舵取りには特筆すべき点が３つある。まず、§1のリアルな事例描写に実に９パラグラフがさかれている。これは議論が哲学的でありながらも現実から極力浮かないようにする「重石」だ。次に、議論に緩急のメリハリがある。論を進めるために必要な理屈を必要なだけ書いている。小気味よいので読んでいて疲れることはない。最後に、問題提起を適宜挟んで考察の焦点を絞り込む作業がなされている。問題提起は２つの意味で重要だ。まず、なにかを考えるときには、わかりやすい問いを設定するとうまくいく。明瞭な問いが固定できてしまえば答えは自ずとでてくることが多い。実は、そこまでが結構難儀だったりするのだ。「旅」についてもきっと同じことが言えるだろう。それから、理屈の闘いの実戦では、問題提起は自分の土俵への誘い込みである。自分なりの答えをもっていて、それに対する大抵の反論を論破できる問題についてなら、戦局は有利だ。首尾よく相手の注意をそこへ向けることができれば勝てる見込みは大きい。チャレンジ精神溢れる方はサンデルの誘いにどこまで抵抗できるか試してみるのもいいだろう。

　本講のポイントをまとめる。

1. 『正義』は、あくまで「旅」のガイドである。使おう。
2. サンデルの議論は、¶11を中心として、幸福・自由・美徳を軸に展開する。
3. サンデルの議論の技巧として、リアリティ、メリハリ、問題提起を賞味されたい。

　では、出発！

§ 1

　§1は事例の描写を行う。事例は、ハリケーン襲来後の便乗値上げに対する法的介入の是非をめぐる論争である。状況説明（¶1-¶4）、便乗値上げ禁止法に対する反対論（¶5-¶8）、支持論（¶9）の順で話は進む。

> [1] In the summer in 2004, Hurricane Charley roared out of the Gulf of Mexico and swept across Florida to the Atlantic Ocean. The storm claimed twenty-two lives and caused $11billion in damage. It also left in its wake a debate about price gouging.

　out of ... across ... to ... はハリケーンの経路を説明する。それぞれ、発生地点、経由地、到達地点を示す。claim：命を奪う。in its wake → its は the storm を指す。price gouging は「法外な値で売ること」の意味。

　【訳】2004年の夏、ハリケーン・チャーリーはメキシコ湾で発生し、フロリダを横切って大西洋に抜けるまで猛威を振るった。嵐は22人の命を奪い、被害総額は110億ドルにのぼった。その爪痕から便乗値上げをめぐるある論争が生じたのだった。

> [2] At a gas station in Orlando, they were selling two-dollar bags of ice for ten dollars. Lacking power for refrigerators or air-conditioning in the middle of August, many people had little choice but to pay up. Downed trees heightened demand for chain saws and roof repairs. Contractors offered to clear two trees off a homeowner's roof – for $23,000. Stores that normally sold small household generators for $250 were now asking $2,000. A seventy-seven-year-old woman fleeing the hurricane with her elderly husband and handicapped daughter was charged $160 per night for a motel room that normally goes for $40.

Lacking... → 分詞構文。pay up：請求通りの金額で払う。goes for~ →ある値段で売られていることを表す慣用表現。

【訳】オーランドのあるガソリンスタンドでは、一袋２ドルの氷が10ドルで売られた。８月の半ばに電気が止まって冷蔵庫やエアコンが使えなかったため、多くの人はしぶしぶ10ドル支払うよりほかなかった。木々が吹き倒されたので、チェーンソーや屋根修理の需要が増加した。お宅の屋根から木を二本取り除く作業ですね、やりますよ――２万３千ドルで――と土建業者は言ってきた。普段は家庭用小型発電機を250ドルで売っている店が、今では２千ドルを要求した。いつもなら一晩40ドルのモーテルが、老齢の夫と障害者の娘を連れて避難した77歳の婦人に160ドルを請求した。

> [3] Many Floridians were angered by the inflated prices. "After Storm Come the Vultures," read a headline in USA Today. One resident, told it would cost $10,500 to remove a fallen tree from his roof, said it was wrong for people to "try to capitalize on other people's hardship and misery." Charlie Crist, the state's attorney general, agreed: "It is astounding to me, the level of greed that someone must have in their soul to be willing to take advantage of someone suffering in the wake of a hurricane."

read：（本や新聞に）～と書いてある。wrong：よこしまだ、不正だ。人に対して用いられるときは強い非難が込められていることが多い。capitalize on～：～を利用する。the level of greed that someone must have in their soul to be willing to take advantage of ... には、二重の修飾関係がある。that 以下の関係節は greed を修飾する。to be willing to ~（～しても構わない、すすんで～する）は不定詞の形容詞的用法で someone を修飾する。この someone は to be willing to の意味上の主語。take advantage of ～：～を利用する。

【訳】多くのフロリダ住民が物価の高騰に怒った。『USA トゥデイ』紙には「嵐去りハゲタカ襲来」の見出しが躍った。ある住民は、屋根から木を一本降ろす作業の料金が1万500ドルだと言われ、「人の苦境や不幸につけこもうとする」連中はよこしまだと語った。フロリダ州司法長官チャーリー・クリストも同意見で、「ハリケーンの後で困っている人を利用しても構わないと思える輩の内なる欲の深さには呆れ返るばかりだ」と述べた。

> [4] Florida has a law against price gouging, and in the aftermath of the hurricane, the attorney general's office received more than two thousand complaints. Some led to successful lawsuits. A Days Inn in West Palm Beach had to pay $70,000 in penalties and restitution for overcharging customers.

penalties and restitution for ～ → for は罰金と賠償金がどういう行為に対して課せられたかを示す。罰金は政府に、賠償金は被害者に払われる。

【訳】フロリダ州には便乗値上げを禁じる法律がある。ハリケーン・チャーリーの直後には司法当局に2千件を超える訴えが寄せられた。なかには裁判で勝訴するに至ったものもあった。ウエスト・パームビーチのモーテル〈デイズ・イン〉は法外な宿泊料を客に請求したとして、罰金と賠償金合わせて7万ドルを支払う羽目になった。

　ここまでで、自然災害、その後の価格高騰、それに対する市民の怒り、司法長官クリストのコメント、問題の便乗値上げ禁止法が登場した。次は、いよいよ、この法律に反対する論客が登場する。その言い分を聞いてみよう。

> [5] But even as Crist set about enforcing the price-gouging law, some economists argued that the law – and the public outrage – were misconceived. In medieval times, philosophers and theologians

> believed that the exchange of goods should be governed by a "just price," determined by tradition or the intrinsic value of things. But in market societies, the economists observed, prices are set by supply and demand. There is no such thing as a "just price."

set about ~ing：～に取りかかる、～しようと試みる。misconceived：誤解に基づいている、誤っている。There is no such thing as~：～などというものは存在しない。この文も、前文同様、the economists の所見の内容であることに注意。

【訳】ところが、クリストが便乗値上げ禁止法を執行したときでさえ、一部の経済学者はその法律には——そして一般市民の怒りにも——誤解があると論じた。中世の哲学者や神学者は、ものの売買は伝統や商品本来の価値で決まる「公正な価格」に基づいてなされるべきだと信じていたが、経済学者たちの見るところでは、市場社会では価格は需要と供給によって決まるもので、「公正な価格」などというものは存在しない。

> [6] Thomas Sowell, a free-market economist, called price gouging an "emotionally powerful but economically meaningless expression that most economists pay no attention to, because it seems too confused to bother with." Writing in the Tampa Tribune, Sowell sought to explain "how 'price gouging' helps Floridians." Charges of price gouging arise "when prices are significantly higher than what people have been used to," Sowell wrote. But "the price levels that you happen to be used to" are not morally sacrosanct. They are no more "special or 'fair' than other prices" that market conditions – including those prompted by a hurricane – may bring about.

Writing ... → 分詞構文。confused：混乱した、でたらめな。what people have

been used to：人々が慣れていた値段。時制は現在完了。you → 「あなた」というより一般的な「人」を指す。happen to ~：たまたま~である／する。those prompted → those は market conditions を指す。

【訳】自由市場を支持する経済学者のトーマス・ソーウェルは、便乗値上げというのは「感情には強く訴えるかもしれないが、経済学的には無意味で、ほとんどの経済学者がなんの注意も払わないような表現だ。でたらめすぎるので苦にすることなどできないように思えるのだ。」と述べた。ソーウェルは『タンパ・トリビューン』紙上で「『便乗値上げ』のおかげでフロリダ住民がどれほど助かるか」を説明しようとした。便乗値上げの訴えが起こるのは「慣れた水準に比べて価格がかなり高い場合」である。しかし「人がたまたま慣れていた価格水準」は道徳的に神聖不可侵であるわけではない。その価格は市場の条件がもたらす「ほかの価格と比べて特別でもないし『公正』でもない」のだ。ハリケーンの影響もそういう条件の１つだ。ソーウェルはこのように説明した。

[7] Higher prices for ice, bottled water, roof repairs, generators, and motel rooms have the advantage, Sowell argued, of limiting the use of such things by consumers and increasing incentives for suppliers in far-off places to provide the goods and services most needed in the hurricane's aftermath. If ice fetches ten dollars a bag when Floridians are facing power outages in the August heat, ice manufacturers will find it worth their while to produce and ship more of it. There is nothing unjust about these prices, Sowell explained; they simply reflect the value that buyers and sellers choose to place on the things they exchange.

the advantage, Sowell argued, of limiting... → "Sowell argued" が挿入されているが、意味のまとまりは advantage of limiting ... and increasing incentives ~で、「… を制限し~の動機づけが強まるという利点がある」の意。worth one's while to ~：誰々にとって～するのはやる意味がある／骨折りに値する。後で（¶26）出てくる It's worth ~ing は「～する意義がある／～したほうがよい」の意。choose to place → place は動詞で、value を先行詞とする関係代名詞 that を目的語にしている。

【訳】ソーウエルはこう論じた。氷、ボトル入り飲料水、屋根の修繕代、発電機、モーテルの部屋代などが通常よりも高いおかげで、こうしたものの消費が抑えられるし、遠隔地の業者にとってはハリケーン襲来直後に最も必要とされている商品やサービスを提供する動機づけが強まることになる。8月の暑さのなかで停電に見舞われたフロリダ住民に氷が一袋10ドルで売れるなら、製氷業者は増産してどんどん出荷するのが得策だと見るだろう。そういう価格になんら不正なところはない。それは売買される品物の価値に関する売り手と買い手の選択を反映しているにすぎない。

[8] Jeff Jacoby, a pro-market commentator writing in the Boston Globe, argued against price-gouging laws on similar grounds: "It isn't gouging to charge what the market will bear. It isn't greedy or brazen. It's how goods and services get allocated in a free society." Jacoby acknowledged that the "price spikes are infuriating, especially to someone whose life has just been thrown into turmoil by a deadly storm." But public anger is no justification for interfering with the free market. By providing incentives for suppliers to produce more of the needed goods, the seemingly exorbitant prices "do far more good than harm." His conclusion: "Demonizing vendors won't speed Florida's recovery. Letting them go about their business will."

pro-market：価格に関して公的な介入より自由市場を支持する立場。pro- は賛成や支持を意味する接頭辞。たとえば、pro-choice は妊娠中絶に関して母

親の選択権を尊重する立場のこと。pro- の対をなすのは、anti- で、たとえば anti-market なら自由市場反対の立場のこと。関連する英語表現を集めた Box 1 も参照されたい。Demonizing vendors → vendors は demonizing の目的語で、この動名詞句が文の主語になっている。次の Letting them go about their business will も同じく動名詞句を主語にしている。will のあとに speed Florida's recovery が省略されている。アメリカの言説空間を考えると、このパラグラフと合せて、ナオミ・クラインの話題の書『ショック・ドクトリン』を読むのもいいだろう。

【訳】自由市場支持の評論家のジェフ・ジャコビーは、『ボストン・グローブ』紙上で同じような論拠から便乗値上げ禁止法に反対した。「市場でつく値段を請求するのは吹っ掛けではない。強欲でも恥知らずでもない。自由な社会では商品やサービスはそうやって分配されるものなのだ。」という。ジャコビーは「物価の急騰はひどく腹立たしいことだ。恐ろしい嵐で生活を滅茶苦茶にされた人にとっては特にそうだ。」と認める。だが、一般市民の怒りは自由市場への介入を正当化するものではないと彼は主張する。一見法外な価格も、求められている品物を増産する動機づけを生産者にもたらすことで「害よりもはるかに多くの益をもたらす」。「売り手を悪者扱いしてもフロリダの復興が早まるわけじゃない。好きに商売させてやればフロリダは早く復興するだろう。」ジャコビーはそう結論した。

便乗値上げ禁止法支持者も論陣を張る。司法長官のクリストの言い分を聞いてみよう。

> [9] Attorney General Crist (a Republican who would later be elected governor of Florida) published an op-ed piece in the Tampa paper defending the law against price gouging: "In times of emergency, government cannot remain on the sidelines while people are charged unconscionable prices as they flee for their lives or seek the basic commodities for their families after a hurricane." Crist rejected the notion that these "unconscionable" prices reflected

> a truly free exchange:
> This is not the normal free market situation where willing buyers freely elect to enter into the marketplace and meet willing sellers, where a price is agreed upon based on supply and demand. In an emergency, buyers under duress have no freedom. Their purchases of necessities like safe lodging are forced.

op-ed piece：新聞などの特集ページ用記事で、通常外部執筆者による署名入りの論説コラム。引用部直前のコロン（:）は前後がイコールであることを示す。コロンの左側の文でクリストの意見が要約され、コロンの右側で文言が引用されている。under duress：窮地にある、せっぱ詰まった。

【訳】先のクリスト司法長官(共和党員で後のフロリダ州知事)は『タンパ・トリビューン』紙上の論説コラムで、便乗値上げ禁止法擁護論を展開した。「緊急事態において、良心にもとるような請求がなされているのを政府は傍観するわけにはいかない。人々は命からがら避難し、ハリケーン後の状況で家族のために生活必需品をなんとか手に入れようとしているのだ。」クリストは、こうした「良心にもとる」価格は真に自由な取引に基づいてはいないのだと主張する。彼は次のように言う。

> これは正常な自由市場の状況ではない。自発的にものを買おうとする買い手が市場に出かけて行って自発的な売り手に出会い、そこで需給に応じて価格に合意が下されるという状況ではない。緊急事態では、せっぱ詰まった買い手に自由はない。安全な宿泊所を借りるといった必要不可欠な買い物は強いられたものだ。

以上が事例である。ここで問題になっているのは要するに何だろうか（サンデルの答えは¶10）。ちょっと考えてから§2に進むのもいいだろう。

§ 2

　§2は3つのステップで進む。まず、¶10は、便乗値上げ禁止法をめぐる論争の焦点を整理して問題提起の形で提示する。¶11は、「はじめに」で述べたとおり、テキストの臍である。サンデルは、論争が正義をめぐるものであり、正義には3つの要素があると述べ、自分の議論の基本線を打ち出す。残りの¶12-14では、そのうちの幸福と自由がどのような正義論を構成するかを見ていく。

> [10] The debate about price gouging that arose in the aftermath of Hurricane Charley raises hard questions of morality and law: Is it wrong for sellers of goods and services to take advantage of a natural disaster by charging whatever the market will bear? If so, what, if anything, should the law do about it? Should the state prohibit price gouging, even if doing so interferes with the freedom of buyers and sellers to make whatever deals they choose?

If so, what, if anything, should the law do... →この文は、二重の仮定のもとで、法律はどんなことをなすべきかを問いかけている。1つ目のifは、「売り手が災害を利用して利益を追求することが仮に不正であるとしたら」、2つ目のifは、「仮に法律がなすべきことがあるとして」。if anythingは、ちょっとした譲歩のニュアンスを付け加える挿入句としてよく使われるが、法的市場介入の是非については意見が分かれますよね、そのへんちゃんと意識してますよ、というサインにもなる。

【訳】ハリケーン・チャーリー通過後に巻き起こった便乗値上げをめぐる論争は、道徳と法律に関する次のような難問を提起している。商品やサービスの売り手が市場価格を請求して自然災害を利用するのは不正なのだろうか。だとすれば、法律になにかすべきことがあるとして、なにをすべきだろうか。たとえそれが自らの選択で取引する買い手と売り手の自由に介入することになっても、州は便乗値

上げを禁止すべきなのだろうか。

つづく ¶11 は、たった1つのパラグラフであとの議論を一気に枠づけてしまう。サンデルの弁の鮮やかさが際立つ箇所だ。§1で事例をじっくり追って来ただけに、ここのスピードは小気味よく感じられると思う。

> [11] These questions are not only about how individuals should treat one another. They are also about what the law should be, and about how society should be organized. They are questions about justice. To answer them, we have to explore the meaning of justice. In fact, we've already begun to do so. If you look closely at the price-gouging debate, you'll notice that the arguments for and against price-gouging laws revolve around three ideas : maximizing welfare, respecting freedom, and promoting virtue. Each of these ideas points to a different way of thinking about justice.

> Box 1　理屈の闘い表現集
> 　¶8 で pro- と anti- にふれたが、賛成（支持）と反対に関する他の表現も見ておこう。argument for~ は「~擁護論」。つまり、~を支持する主張を正当化する議論のこと。argument は単なる意見表明とはちがう。「~ではなかろうか！」という修辞疑問をいくら畳み掛けても、理屈になっていなければ argument にはならない。一セットの理屈でなければならない。好例として ¶17-18 を参照。類似の表現に case for~ がある（¶12）。これは「~を支持する言い分、理屈、訴え」のこと。for（賛成）に対して、against（反対）を表す前置詞をつけると、argument against~「反対論」、case against~「~に反対する言い分、理屈、訴え」。こうした論争関係の表現は、異なる立場に立つ二者が理屈を提示しあって争う法廷をイメージするとわかりやすい。関連語として defender や proponent（擁護者、支持者）、opponent（反対論者）がある（¶13）。

【訳】これらの問題は、諸個人がおたがいをどう扱うべきかに関わるだけではない。法律はいかにあるべきか、社会がどう秩序づけられるべきかに関わっている。つまり、これは「正義」に関わる問題なのだ。これらの問題に答えるためには、正義の意味を探求しなければならない。実際われわれはすでにその探求を始めている。便乗値上げをめぐる論争をよく見てみれば、便乗値上げ禁止法の擁護論と反対論が３つの理念を中心に展開されていることがわかる。つまり、幸福の最大化、自由の尊重、美徳の促進である。これらの３つの理念１つ１つに正義に関する異なった考え方が表れている。

　個人レベルの規範の問題と社会レベルの正義の問題を区別している点に留意しておこう。この区別は特に§3で重要になってくる。フロリダの便乗値上げを指して、「あんなふうに他人への配慮を欠いたことは私ならとてもできないな」と言うなら、その行為を制する規範は個人レベルにとどまる。他方、「あのような行為は不正だ」と言うなら、行為の可否は社会の（法の）問題である。後者をためらいなく口にすることができるだろうか。それがここで投げかけられている問題だ。以下、３つの理念を順に見ていきながら、問題の理解を深めていくことになる。まずは幸福の最大化と自由の尊重についてだ。

[12] The standard case for unfettered markets rests on two claims – one about welfare, the other about freedom. First, markets promote the welfare of society as a whole by providing incentives for people to work hard supplying the goods that other people want. (In common parlance, we often equate welfare with economic prosperity, though welfare is a broader concept that can include noneconomic aspects of social well-being.) Second, markets respect individual freedom; rather than impose a certain value on goods and services, markets let people choose for themselves what value to place on the things they exchange.

one ... the other~：１つは…もう１つは～。two claims の１つが one、他方が

the other。in common parlance：日常語では。welfare → 厳密には welfare は良好な状態 well-being 全般を指し、広い意味での幸福や健康などを含む。

【訳】非制限的市場を擁護する標準的な議論は２つの主張に基づいている。１つは幸福に関する主張、もう１つは自由に関する主張だ。第一に、市場は社会全体の幸福を増大させる。他人が欲しがる品物を供給すべく努力する動機づけを人々にもらたすからだ（幸福とは社会的福利の非経済的な面をふくんだ、より広い概念ではあるが、日常語では、われわれは幸福と経済的繁栄を同一視する傾向がある）。第二に、市場は個人の自由を尊重する。商品やサービスに特定の価値を押しつけるのでなく、取引の対象にいくらの値をつけるかは各人の選択にまかせるのである。

おなじみの自由市場擁護論が２つ挙げられている。
福利増大説：
　　　自由市場は社会全体の幸福を増すから支持できる
自由尊重説：
　　　自由市場は個人の自由を尊重するから支持できる

便乗値上げ禁止法は自由市場を規制するものであることを考えれば、この２つの自由市場擁護論から便乗値上げ禁止法に対する次の２つの反対論がでてくるのは当然だろう。

福利増大説から：
（１）禁止法は社会全体の福利を増大させないから支持できない
自由尊重説から：
（２）禁止法は個人の自由に介入するものだから支持できない

¶13 では、まず（１）に対する反論が提示され、（２）に対する反論は ¶14 で提示される。

> [13] Not surprisingly, the opponents of price-gouging laws invoke these two familiar arguments for free markets. How do defenders of price gouging laws respond? First, they argue that the welfare of society as a whole is not really served by the exorbitant prices charged in hard times. Even if high prices call forth a greater supply of goods, this benefit has to be weighed against the burden such prices impose on those least able to afford them. For the affluent, paying inflated prices for a gallon of gas or a motel room in a storm may be an annoyance; but for those of modest means, such prices pose a genuine hardship, one that might lead them to stay in harm's way rather than flee to safety. Proponents of price-gouging laws argue that any estimate of the general welfare must include the pain and suffering of those who may be priced out of basic necessities during an emergency.

weigh A against B：A を B と比較考量する。those least able to afford them：その価格でものを買う力がもっとも弱い人。the affluent：裕福な人、富裕層。those of modest means：資力が乏しい人々。means は資力や資産の意。たとえば、student of limited means は貧しい学生のこと。one → hardship を指す。price out of~：高い値をつけて~から遠ざける。ここでは買えないようにするということ。

> **Box 2** コミットメントの有無のサイン
>
> 　譲歩的な文が先行し、次に著者が真に言いたいことが続く対比表現に may...but~「…かもしれないが、しかし~」がある。類似の表現に ¶15 で出てくる often...but~「しばしば…ではある。しかし~」や、¶27 で出てくる It's true...but~「たしかに…だ。しかし~」がある。英文を読んでいて may や often や it's true があったら、後で but が来そうだなと予想できる。
>
> 　英語では、仮定法 might を使って、特別コミットしているわけではな

いことに言及することができる (¶19 と 26 参照)。通説や論敵の主張に言及することも多いので、混乱を避けるために、コミットの有／無を直説法／仮定法で区別することがよくある。重要なので見落とさないようにしたい。

【訳】当然ながら、便乗値上げ禁止法反対者は、よく知られたこれら2つの自由市場擁護論を持ち出す。これに対して、便乗値上げ禁止法支持者はどう反論するか。第一に、困っているときに請求される法外な値段は社会全体の幸福に資するわけではないと彼らは主張する。高い価格のおかげで商品の供給が増えるというメリットがあるとしても、その価格に対応する資力が最も弱い人々への負担も考量されねばならない。富裕層にとって、嵐のさなかに高騰したガソリン代やモーテル代を支払うことは不快なことかもしれない。だが、つましい暮らしを送る人々にとっては、こうした価格は真の困苦を強いるものだ。彼らは安全を求めて逃げるより、危険な所にとどまるかもしれない。全体の幸福の計量に際しては、不当な高値のために緊急時に基本的必要を満たせなくなるかもしれない人の痛みや苦しみを考量しなければならない。このように便乗値上げ禁止法支持者は論じる。

[14] Second, defenders of price-gouging laws maintain that, under certain conditions, the free market is not truly free. As Crist points out, "buyers under duress have no freedom. Their purchases of necessities like safe lodging are forced." If you're fleeing a hurricane with your family, the exorbitant price you pay for gas or shelter is not really a voluntary exchange. It's something closer to extortion. So to decide whether price-gouging laws are justified, we need to assess these competing accounts of welfare and of freedom.

these competing accounts of welfare and of freedom → 禁止法反対者の福利増大説と自由尊重説、及びそれぞれに対する禁止法支持者の反論を指す。

【訳】第二に、特定の状況下では、自由市場は真に自由なわけではないと禁止法

支持者は主張する。クリストが指摘するように「せっぱ詰まった買い手に自由はない。安全な宿泊所を借りるといった必要不可欠な買い物は強いられたものだ。」一家でハリケーンから避難している際に法外なガソリン代や宿泊費を支払うのは自発的な取引ではない。それは強要に近い何かである。このように、便乗値上げ禁止法が正義にかなっているかどうかを決めるには、幸福と自由に関する、これらの対立する２つの立場からの説明［にどれほどの説得力があるか］を評価する必要があるのだ。

第 1 講

§ 3

　§3 は正義の第三要素を論じる。サンデルは、まず、正義には感情が大きく関与するような要素があるのではないかと問題提起する（¶15）。ついで、この要素は、美徳論と呼ぶべき 1 つの正義論を形づくるものだと論を進めて（¶16-¶19）、美徳論に対する人々の態度の複雑さにも目を配る（¶20-¶22）。

> [15] But we also need to consider one further argument. Much public support for price-gouging laws comes from something more visceral than welfare or freedom. People are outraged at "vultures" who prey on the desperation of others and want them punished – not rewarded with windfall profits. Such sentiments are often dismissed as atavistic emotions that should not interfere with public policy or law. As Jacoby writes, "demonizing vendors won't speed Florida's recovery."

visceral → もともと「内臓の、腹部の」の意味。派生的に（理性に関わる頭部との対比で）「直観的、本能的」の意味が生まれた。

【訳】だが、さらにもう 1 つ考慮すべき（禁止法擁護論の）理屈がある。多くの一般市民を便乗値上げ禁止法支持に導くのは、幸福や自由より直観的な何かである。人々は他人の窮状を食い物にする「ハゲタカ」に憤慨し、ハゲタカには棚ぼたの利益ではなく、罰を与えたいと欲する。こうした心情は、社会政策や法律に反映すべきでない原始的な感情として片づけられることが多い。ジャコビーが述べるように「売り手を悪者扱いしてもフロリダの復興が早まるわけじゃない」ということだ。

> [16] But the outrage at price-gougers is more than mindless anger. It gestures at a moral argument worth taking seriously. Outrage is the special kind of anger you feel when you believe that people are

> getting things they don't deserve. Outrage of this kind is anger at injustice.

mindless：考えなしの、思慮に欠けた。mindは「頭」の働きを指すので、もし怒りが単にvisceralなら、そこにmindは働いていない（mindless）ことになる。gesture at → 何かをジェスチャーで示すというのが字義どおりの意味。憤りの表明は道徳的議論そのものではないが、道徳的な理への訴えが見て取れるということ。

【訳】とはいえ、便乗値上げに対する憤りは考えなしの怒りにとどまらない。そこには、真剣な検討に値する道徳的議論が現れている。憤りとは特別な種類の怒りであり、誰かが何かを不当に手にしていると思うときに生じる。この種の憤りは不正義に対する怒りなのだ。

mindless anger と the special kind of anger が対比されている。ただムカつくというだけの「怒り」と、不当や不正に対する「憤り」は違うというわけだ。憤りに理性と感情の両面があるとして、問題は、その理性が——法的介入の是非に関して——何を語るかだ。注意深く読んでサンデルの論点を見極めよう。

> [17] Crist touched on the moral source of the outrage when he described the "greed that someone must have in their soul to be willing to take advantage of someone suffering in the wake of a hurricane." He did not explicitly connect this observation to price-gouging laws. But implicit in his comment is something like the following argument, which might be called the virtue argument:

implicit in his comment is something like the following argument → something like~ is implicit in his commentの倒置表現。virtue：美徳、徳。哲学者によって多少語義は異なるが、標準的には、良い生や行動を導く心の傾向性を指す。the virtue argument → 美徳を根拠にした禁止法支持の理屈（Box 1参照）。末

第1講

尾のコロンが示すとおり、次のパラグラフ全体が the virtue argument の内容である。

【訳】クリストが「ハリケーンの後で困っている人を利用しても構わないと思える輩の内なる欲深さには呆れ返るばかりだ」と述べたとき、彼はこうした憤りの道徳的源泉を論じていたのだ。クリストは自分の所見を便乗値上げ禁止法にはっきりと結びつけたわけではない。だが、彼のコメントには、美徳論と呼んでいいような議論が暗に含まれている。それは次のようなものである。

> [18] Greed is a vice, a bad way of being, especially when it makes people oblivious to the suffering of others. More than a personal vice, it is at odds with civic virtue. In time of trouble, a good society pulls together. Rather than press for maximum advantage, people look out for one another. A society in which people exploit their neighbors for financial gain in times of crisis is not a good society. Excessive greed is therefore a vice that a good society should discourage if it can. Price-gouging law cannot banish greed, but they can at least restrain its most brazen expression, and signal society's disapproval of it. By punishing greedy behavior rather than rewarding it, society affirms the civic virtue of shared sacrifice for the common good.

personal vice → vice は virtue の反対で悪徳を指し、personal vice は個人の／一身上の悪徳のこと。be at odds with：〜に反している。civic virtue：公徳、公共の美徳。pull together；協力して働く。press for 〜：〜を是が非でも求める、〜をせがむ。look out for 〜：〜を気にかける、〜に注意を向ける。この文は、前文にある「困難な時期」の人々のあり方を説明している。レベッカ・ソルニットは、そのような社会の変容を著書『災害ユートピア』の中で詳しく分析している。合せて読んでみるのもいいだろう。the civic virtue of shared sacrifice →同格を示す of。the common good：公共の利益、公益。「共通善」と訳されることも多い。

【訳】強欲は悪徳、つまり悪しき生き方である。そのせいで他人の苦しみが目に入らなくなる場合は特にそうだ。強欲は一身上の悪徳にとどまらない。それは公徳に反するのだ。良い社会は困難な時期に団結するものだ。人々は利益を最大化するのではなく、たがいに気を配り合う。危機に際して人々が隣人を食いものにして金儲けするような社会は良い社会とは言えない。したがって、行き過ぎた強欲は、可能ならば社会が抑え込むべき悪徳なのだ。便乗値上げ禁止法によって強欲を消し去ることはできないが、臆面もない強欲行為は少なくとも防ぐことができるし、社会がそれを是認していないことは示せる。強欲なふるまいに報奨でなく罰を与えることで、社会は、公益のために犠牲を分かち合う公徳を支持することになるのだ。

憤りが法的介入に関して語る理屈とは、美徳論、つまり「良い社会は公徳を求める。強欲は公徳に反する。だから社会は強欲を罰すべきである」という理屈だ。現代社会でこの理屈に有無を言わさぬほどの力があるとは信じ難い。サンデルはすかさず次のように言葉を継ぎ足す。

> [19] To acknowledge the moral force of the virtue argument is not to insist that it must always prevail over competing considerations. You might conclude, in some instances, that a hurricane-stricken community should make a devil's bargain —allow price gouging in hopes of attracting an army of roofers and contractors from far and wide, even at the moral cost of sanctioning greed. Repair the roofs now and the social fabric later. What's important to notice, however, is that the debate about price-gouging laws is not simply about welfare and freedom. It is also about virtue —about cultivating the attitudes and dispositions, the qualities of character, on which a good society depends.

an army of 〜：〜の大群。You might conclude ... However ...：…という結論を下すこともあるかもしれないが…（Box 2 参照）。allow 以下は make a devil's bargain を説明する。on which → 先行詞は virtue で、制限用法ではなく非制限用法を使うことで、美徳とは総じて良い社会の土台になるものだというニュアンスが生まれる。制限用法だと、美徳のなかには社会に関連深いものと無関係なものがあることを前提とすることになる。

【訳】美徳論が道徳に及ぼす力を認めると言っても、それが競合する議論に対してつねに優先されねばならないと言っているのではない。たとえば、ハリケーンに襲われたコミュニティは悪魔の取引を結ぶべきだという判断が下される場合もあるだろう——強欲を受容する道徳面のコストを支払ってでも、広く各地から屋根職人や建設業者が押し寄せるのを期待して、便乗値上げを受け入れるべきだという判断だ。まずは屋根の修理をやってしまって、社会機構はその後の話だ。とはいえ、押さえておくべき大切なことは、便乗値上げ禁止法をめぐる論議は単に幸福と自由に関わるだけではないという点だ。それは美徳についての——心構えや気質、つまり性格を陶冶することについての——論議でもある。よい社会は美徳を土台としているのだ。

サンデルの論点はここではっきりする。彼は、美徳が正義の第三の要素だと言っているにすぎない。正義をめぐる論争で、美徳論的な理屈がつねに優先するわけではないのだとすれば、美徳論を持ち出さずに行くのも場合によっては賢いやり方だ。実際、次に見るとおり、禁止法支持者は必ずしも美徳論を歓迎するわけではない。

[20] Some people, including many who support price-gouging laws, find the virtue argument discomfiting. The reason: It seems more judgmental than arguments that appeal to welfare and freedom. To ask whether a policy will speed economic recovery or spur economic growth does not involve judging people's preferences. It assumes that everyone prefers more income rather than less, and it

doesn't pass judgment on how they spend their money. Similarly, to ask whether, under conditions of duress, people are actually free to choose doesn't require evaluating their choices. The question is whether, or to what extent, people are free rather than coerced.

pass judgment on 〜：〜について判断を下す。similarly：同様に。福利増大説の妥当性も自由尊重説の妥当性も、人々の選好の是非を棚上げにしたうえで判断できるということ。coerce：力で抑える。

【訳】美徳論にとまどう人もいる。便乗値上げ禁止法支持者にもそういう人は多い。美徳論は、幸福と自由に訴える議論よりも、分別を押しつけるところがあると思われるからだ。ある政策によって経済復興が早まるか、経済成長が促されるかを問うとき、人々の選好に関する判断は含まれない。そこでは、誰もが少ない収入よりも多い収入を選好すると仮定されており、人々のお金の使い方［の是非］に関して判断は下されない。これと同様に、追いつめられた人々が本当に自由に選択できるかどうかを問うとき、彼らの選択［の是非］を評価する必要はない。問題は、人々が強いられず自由であるかどうか、あるいはどの程度自由なのかである。

[21] The virtue argument, by contrast, rests on a judgment that greed is a vice that the state should discourage. But who is to judge what is virtue and what is vice? Don't citizens of pluralist societies disagree about such things? And isn't it dangerous to impose judgments about virtue through law? In the face of these worries, many people hold that government should be neutral on matters of virtue and vice; it should not try to cultivate good attitudes or discourage bad ones.

is to 不定詞 → be + to 不定詞〜で、「〜する資格がある／〜するべきである」

の意。

【訳】これに対し、美徳論は、強欲は州が抑え込むべき悪徳だという判断に基づいている。だが、なにが美徳でなにが悪徳かを誰が判断すべきなのだろうか。多元的な社会の市民の意見は、そうしたことについては一致しないのではないだろうか。それに、美徳に関する判断を法律によって押しつけるのは危険ではないだろうか。こういう懸念があるため、美徳と悪徳の問題について政府は中立であるべきだと多くの人々は考える。政府というものは、良い心構えをはぐくもうとか、悪い心構えを改めさせようなどと企てるべきではない、というわけだ。

> [22] So when we probe our reactions to price gouging, we find ourselves pulled in two directions: We are outraged when people get things they don't deserve; greed that preys on human misery, we think, should be punished, not rewarded. And yet we worry when judgments about virtue find their way into law.

【訳】便乗値上げに対するわれわれの反応を探ってみると、自分が２つの方向に引っ張られていることがわかる。その人にふさわしくないものを手に入れている人がいれば、われわれは憤りを感じる。他人の窮状を食いものにする強欲は罰せられるべきで、報奨を与えられるべきではない、とわれわれは考える。それでもやはり、美徳に関する判断が法律に入り込むと、われわれは心配にもなるのだ。

§ 4

　美徳論はたしかに無視できないが、厄介なところがあるのもまた事実である。これをサンデルは美徳論の「ジレンマ」と呼び焦点化する。¶23の問題提起をまず見てみよう。

> [23] This dilemma points to one of the great questions of political philosophy: Does a just society seek to promote the virtue of its citizens? Or should law be neutral toward competing conceptions of virtue, so that citizens can be free to choose for themselves the best way to live?

【訳】このジレンマに政治哲学の重要問題の1つが現れている。正しい社会とは市民の美徳を養おうとするものだろうか。それとも、法は、美徳に関する競合する考え方については中立を守り、何が最善の生き方なのかは市民が自分で選択できるようにするべきなのだろうか。

　「政治哲学の重要問題の1つ」として、美徳に対してどういう態度をとるかという問題がある。2つの異なる態度がある。

（1）正しい社会は法によって美徳を養うべきだ
（2）正しい社会は何が美徳であるかについては中立であるべきだ

教科書は、

古代ギリシアのアリストテレスは（1）をとる
近現代のカントやロールズらは（2）をとる

と教える（¶24-¶25）。この対比はある重要な意味で正しいのだが、過度の単純化だとサンデルは戒める（¶26）。このような理解では正義が重層的であ

ることが見過ごされてしまう。むしろ、(1) と (2) は両方とも私たちのなかにあることを認める必要があるとサンデルは論じる (¶27)。第三要素によって正義をめぐる理屈の闘いは複雑になることを予期して§4は終わる。

[24] According to the textbook account, this question divides ancient and modern political thought. In one important respect, the textbook is right. Aristotle teaches that justice means giving people what they deserve. And in order to determine who deserves what, we have to determine what virtues are worthy of honor and reward. Aristotle maintains that we can't figure out what a just constitution is without first reflecting on the most desirable way of life. For him, law can't be neutral on questions of the good life.

【訳】教科書的な説明では、この問い［にどう答えるか］によって古代と近現代の政治思想が分かれることになる。1つの重要な点で、教科書は正しい。アリストテレスは、正義とは人々にふさわしいものを与えることだと教えている。さて、誰に何がふさわしいかを決めるには、どんな美徳が栄誉や報奨に値するかを決めなければならない。アリストテレスは、どういう政治制度が正しいのかを理解するためには、まず、最も望ましい生き方とは何かを考えてみなければならないと主張する。アリストテレスにとって、法律は、良い人生とは何かという問題に対して中立ではありえないのだ。

[25] By contrast, modern political philosophers – from Immanuel Kant in the eighteenth century to John Rawls in the twentieth century – argue that the principles of justice that define our rights should not rest on any particular conception of virtue, or of the best way to live. Instead, a just society respects each person's freedom to choose his or her own conception of the good life.

【訳】対照的に、近現代の政治哲学者は——18世紀のイマヌエル・カントから20世紀のジョン・ロールズにいたるまで——われわれの権利を定義する正義の諸原理は、美徳つまり最善の生き方に関する特定の考え方に依拠すべきではないと論じる。（彼らによれば）正しい社会とは、むしろ、良き生き方に関する考え方を各人が選びとる自由を尊重するものなのだ。

[26] So you might say that ancient theories of justice start with virtue, while modern theories start with freedom. And in the chapters to come, we explore the strengths and weaknesses of each. But it's worth noticing at the outset that this contrast can mislead.

you might say 〜 . But... :（人は）〜と考えるかもしれないが、しかし…。仮定法 might が使われていることから、サンデル自身は「古代は美徳から、近代は自由から出発する」という通説的な対比にコミットしていないことがわかる。彼の主張は But 以下の直説法で書かれた部分のほうにある（Box 2 参照）。It's worth 〜 ing → ¶7 の解説を参照。

【訳】すると、正義に関する古代の理論は美徳から出発し、近現代の理論は自由から出発するのだな、と思われるかもしれない。この先の章でそれぞれの見方の強みと弱みを探っていく。だがこの対比が人を惑わすかもしれないことは、最初に押さえておいたほうがいい。

[27] For if we turn our gaze to the arguments about justice that animate contemporary politics – not among philosophers but among ordinary men and women – we find a more complicated picture. It's true that most of our arguments are about promoting prosperity and respecting individual freedom; at least on the surface. But underlying these arguments, and sometimes contending with them,

第1講

> we can often glimpse another set of convictions – about what virtues are worthy of honor and reward, and what way of life a good society should promote. Devoted though we are to prosperity and freedom, we can't quite shake off the judgmental strand of justice. The conviction that justice involves virtue as well as choice runs deep. Thinking about justice seems inescapably to engage us in thinking about the best way to live.

It's true 〜. But...：たしかに〜だ。しかし…（Box 2 参照）。Devoted though we are to 〜→ though we are devoted to 〜の倒置表現。

【訳】というのも、現代政治を動かしている正義論――哲学者ではなく普通の男女が戦わせている正義論――に目を向ければ、もう少し複雑な絵柄が見えてくるからだ。たしかに、われわれの正義論の大半は経済的繁栄の促進と個人の自由の尊重に関するものである。少なくとも表面上はそうだ。だが、これらの議論の根底に、しばしばそれと対立する形で、別種の信念――どんな美徳が名誉や報奨に値するか、良い社会ではどんな生き方が推奨されるべきかに関する信念――が垣間見えることも多い。経済的繁栄と自由を愛するいっぽうで、われわれは分別に関わる正義の要素をすっかり振り落としてしまうことはできない。正義には選択だけでなく美徳も含まれるという信念は深く根を下ろしたものだ。正義について考えようとすると、われわれは否が応でも最善の生き方について考えざるをえないようだ。

読書案内

　出発前に言い忘れていたことがある。他人に通じる自分の理屈を探す「旅」の難所のことだ。通じるはずの理屈が通じないことがあるのだ――様々なレベルで。理屈の技や型は、一定の形式で行われる闘いの中でのみ効力を発揮する。そのへんはスポーツと似ている。だが、みんなが同じ形式で議論してくれるとは限らない。そう考えれば、時代・民族・ジャンルを横断した追加のガイドを補充して、理屈の幅を拡げるのが得策だろう。

まずはアリストテレスの『ニコマコス倫理学』と『弁論術』。前者は、正義と美徳の関係に関する最も古典的な議論だ。後者は、理屈という言語デバイスを操る技術を論じる。次は一気に21世紀に飛んで、チャーチランドの『ブレイントラスト（仮題）』。憤りに理性と感情の両面があるという指摘はプラトンの『国家』にまで遡ることができるが、この本は、ヒトの道徳的能力の獲得を情動の神経生理学の観点から考察する。美徳の形成に神経科学技術がどう関与していくのか、興味深い。道徳や政治を俯瞰的な観点から見ておきたい人にはネーゲルを薦める。倫理の問題そのものを深く理解することが彼の哲学の一貫したテーマだ。

　最後に、アメリカと日本の地域性も考える必要があるので、文化論的論考も2つ挙げておく。1つは、盲目のシーク教徒のアメリカ人であるアイエンガーの『選択の科学』。行動経済学の本だが「選択」（の自由）の観点で書かれた現代アメリカ文化論として読める。もう1つは、谷崎潤一郎の「懶惰の説」。かなり古いうえに（初出は昭和5年）、ステレオタイプなことがいろいろ書かれているが、日本社会で美徳の次元がどうなっているのか、歴史的重層性も含めて考えたい人には面白く読めると思う。

（1）アリストテレス　『ニコマコス倫理学（西洋古典叢書）』（朴一功訳）京都大学学術出版会
（2）アリストテレス　『弁論術』（戸塚七郎訳）岩波文庫
（3）パトリシア・チャーチランド　信原幸弘・樫則章・植原亮訳　『ブレイントラスト（仮題）』化学同人（近刊）
（4）トマス・ネーゲル　『哲学ってどんなこと？――とても短い哲学入門――』（岡本裕一朗・若松良樹訳）昭和堂
（5）シーナ・アイエンガー　『選択の科学』（櫻井祐子訳）文藝春秋
（6）谷崎潤一郎　「懶惰の説」『陰翳礼讃』所収　中公文庫

Michael J. Sandel
JUSTICE：WHAT'S THE RIGHT THING TO DO?
(New York：Farrar, Straus and Giroux, 2009, pp. 3-10)

第1講

<解説英文全文>
1. DOING THE RIGHT THING

In the summer in 2004, Hurricane Charley roared out of the Gulf of Mexico and swept across Florida to the Atlantic Ocean. The storm claimed twenty-two lives and caused $11billion in damage. It also left in its wake a debate about price gouging.

At a gas station in Orlando, they were selling two-dollar bags of ice for ten dollars. Lacking power for refrigerators or air-conditioning in the middle of August, many people had little choice but to pay up. Downed trees heightened demand for chain saws and roof repairs. Contractors offered to clear two trees off a homeowner's roof – for $ 23,000. Stores that normally sold small household generators for $250 were now asking $2,000. A seventy-seven-year-old woman fleeing the hurricane with her elderly husband and handicapped daughter was charged $160 per night for a motel room that normally goes for $40.

Many Floridians were angered by the inflated prices. "After Storm Come the Vultures," read a headline in USA Today. One resident, told it would cost $10,500 to remove a fallen tree from his roof, said it was wrong for people to "try to capitalize on other people's hardship and misery." Charlie Crist, the state's attorney general, agreed: "It is astounding to me, the level of greed that someone must have in their soul to be willing to take advantage of someone suffering in the wake of a hurricane."

Florida has a law against price gouging, and in the aftermath of the hurricane, the attorney general's office received more than two thousand complaints. Some led to successful lawsuits. A Days Inn in West Palm Beach had to pay $70,000 in penalties and restitution for overcharging customers.

But even as Crist set about enforcing the price-gouging law, some economists argued that the law – and the public outrage – were misconceived. In medieval times, philosophers and theologians believed that the exchange of goods should be governed by a "just price," determined by tradition or the intrinsic value of things. But in market societies, the economists observed, prices are set by supply and demand. There is no such thing as a "just price."

Thomas Sowell, a free-market economist, called price gouging an "emotionally powerful but economically meaningless expression that most economists pay no attention to, because it seems too confused to bother with." Writing in the Tampa Tribune, Sowell sought to explain "how 'price gouging' helps Floridians." Charges of price gouging arise "when prices are significantly higher than what people have been used to," Sowell wrote. But "the price levels that you happen to be used to" are not morally sacrosanct. They are no more "special or 'fair' than other prices" that market conditions – including those prompted by a hurricane – may bring about.

Higher prices for ice, bottled water, roof repairs, generators, and motel rooms have the advantage, Sowell argued, of limiting the use of such things by consumers and increasing incentives for suppliers in far-off places to provide the goods and services most needed in the hurricane's aftermath. If ice fetches ten dollars a bag when Floridians are facing power outages in the August heat, ice manufacturers will find it worth their while to produce and ship more of it. There is nothing unjust about these prices, Sowell explained; they simply reflect the value that buyers and sellers choose to place on the things they exchange.

Jeff Jacoby, a pro-market commentator writing in the Boston Globe, argued against price-gouging laws on similar grounds: "It isn't gouging to charge what the market will bear. It isn't greedy or brazen. It's how goods and services get allocated in a free society." Jacoby acknowledged that the "price spikes are infuriating, especially to someone whose life has just been thrown into turmoil by a deadly storm." But public anger is no justification for interfering with the free market. By providing incentives for suppliers to produce more of the needed goods, the seemingly exorbitant prices "do far more good than harm." His conclusion: "Demonizing vendors won't speed Florida's recovery. Letting them go about their business will."

Attorney General Crist (a Republican who would later be elected governor of Florida) published an op-ed piece in the Tampa paper defending the law against price gouging: "In times of emergency, government cannot remain on the sidelines while people are charged unconscionable prices as they flee for their lives or seek the basic commodities for their families after a hurricane." Crist rejected the notion that these "unconscionable" prices reflected a truly free exchange:

> This is not the normal free market situation where willing buyers freely elect to enter into the marketplace and meet willing sellers, where a price is agreed upon based on supply and demand. In an emergency, buyers under duress have no freedom. Their purchases of necessities like safe lodging are forced.

The debate about price gouging that arose in the aftermath of Hurricane Charley raises hard questions of morality and law: Is it wrong for sellers of goods and services to take advantage of a natural disaster by charging whatever the market will bear? If so, what, if anything, should the law do about it? Should the state prohibit price gouging, even if doing so interferes with the freedom of buyers and sellers to make whatever deals they choose?

These questions are not only about how individuals should treat one another. They are also about what the law should be, and about how society should be organized. They are questions about justice. To answer them, we have to explore the meaning of justice. In fact, we've already begun to do so. If you look closely at the price-gouging debate, you'll notice that the arguments for and against price-gouging laws revolve around three ideas: maximizing welfare, respecting freedom, and promoting virtue. Each of these ideas points to a different way of thinking about justice.

The standard case for unfettered markets rests on two claims – one about welfare, the other about freedom. First, markets promote the welfare of society as a whole by providing incentives for people to work hard supplying the goods that other people want. (In common parlance, we often equate welfare with economic prosperity, though welfare is a broader concept that can include noneconomic aspects of social well-being.) Second, markets respect individual freedom; rather than impose a certain value on goods and services, markets let people choose for themselves what value to place on the things they exchange.

Not surprisingly, the opponents of price-gouging laws invoke these two familiar arguments for free markets. How do defenders of price gouging laws respond? First, they argue that the welfare of society as a whole is not really served by the exorbitant prices charged in hard times. Even if high prices call forth a greater supply of goods, this benefit has to be weighed against the burden such prices impose on those least able to afford them. For the affluent, paying inflated prices for a gallon of gas or a motel room in a storm may be an annoyance; but for those of modest means, such prices pose a genuine hardship, one that might lead them to stay in harm's way rather than flee to safety. Proponents of price-gouging laws argue that any estimate of the general welfare must include the pain and suffering of those who may be priced out of basic necessities during an emergency.

Second, defenders of price-gouging laws maintain that, under certain conditions, the free market is not truly free. As Crist points out, "buyers under duress have no freedom. Their purchases of necessities like safe lodging are forced." If you're fleeing a hurricane with your family, the exorbitant price you pay for gas or shelter is not really a voluntary exchange. It's something closer to extortion. So to decide whether price-gouging laws are justified, we need to assess these competing accounts of welfare and of freedom.

But we also need to consider one further argument. Much public support for price-gouging laws comes from something more visceral than welfare or freedom. People are outraged at "vultures" who prey on the desperation of others and want them punished – not rewarded with windfall profits. Such sentiments are often dismissed as atavistic emotions that should not interfere with public policy or law. As Jacoby writes, "demonizing vendors won't speed Florida's recovery."

But the outrage at price-gougers is more than mindless anger. It gestures at a moral argument worth taking seriously. Outrage is the special kind of anger you feel when you believe that people are getting things they don't deserve. Outrage of this kind is anger at injustice.

Crist touched on the moral source of the outrage when he described the "greed that someone must have in their soul to be willing to take advantage of someone suffering in the wake of a hurricane." He did not explicitly connect this observation to price-gouging laws. But implicit in his comment is something like the following argument, which might be called the virtue argument :

Greed is a vice, a bad way of being, especially when it makes people oblivious to the suffering of others. More than a personal vice, it is at odds with civic virtue. In time of trouble, a good society pulls together. Rather than press for maximum advantage, people look out for one another. A society in which people exploit their neighbors for financial gain in times of crisis is not a good society. Excessive greed is therefore a vice that a good society should discourage if it can. Price-gouging law cannot banish greed, but they can at least restrain its most brazen expression, and signal society's disapproval of it. By punishing greedy behavior rather than rewarding it, society affirms the civic virtue of shared sacrifice for the common good.

To acknowledge the moral force of the virtue argument is not to insist that it must always prevail over competing considerations. You might conclude, in some instances, that a hurricane-stricken community should make a devil's bargain – allow price gouging in hopes of attracting an army of roofers and contractors from far and wide, even at the moral cost of sanctioning greed. Repair the roofs now and the social fabric later. What's important to notice, however, is that the debate about price-gouging laws is not simply about welfare and freedom. It is also about virtue – about cultivating the attitudes and dispositions, the qualities of character, on which a good society depends.

Some people, including many who support price-gouging laws, find the virtue argument discomfiting. The reason: It seems more judgmental than arguments that appeal to welfare and freedom. To ask whether a policy will speed economic recovery or spur economic growth does not involve judging people's preferences. It assumes that everyone prefers more income rather than less, and it doesn't pass judgment on how they spend their money. Similarly, to ask whether, under conditions of duress, people are actually free to choose doesn't require evaluating their choices. The question is whether, or to what extent, people are free rather than coerced.

The virtue argument, by contrast, rests on a judgment that greed is a vice that the state should discourage. But who is to judge what is virtue and what is vice? Don't citizens of pluralist societies disagree about such things? And isn't it dangerous to impose judgments about virtue through law? In the face of these worries, many people hold that government should be neutral on matters of virtue and vice; it should not try to cultivate good attitudes or discourage bad ones.

So when we probe our reactions to price gouging, we find ourselves pulled in two directions: We are outraged when people get things they don't deserve; greed that preys on human misery, we think, should be punished, not rewarded. And yet we worry when judgments about virtue find their way into law.

This dilemma points to one of the great questions of political philosophy: Does a just society seek to promote the virtue of its citizens? Or should law be neutral toward competing conceptions of virtue, so that citizens can be free to choose for themselves the best way to live?

According to the textbook account, this question divides ancient and modern political thought. In one important respect, the textbook is right. Aristotle teaches that justice means giving people what they deserve. And in order to determine who deserves what, we have to determine what virtues are worthy of honor and reward. Aristotle maintains that we can't figure out what a just constitution is without first reflecting on the most desirable way of life. For him, law can't be neutral on questions of the good life.

By contrast, modern political philosophers – from Immanuel Kant in the eighteenth century to John Rawls in the twentieth century – argue that the principles of justice that define our rights should not rest on any particular conception of virtue, or of the best way to live. Instead, a just society respects each person's freedom to choose his or her own conception of the good life.

So you might say that ancient theories of justice start with virtue, while modern theories start with freedom. And in the chapters to come, we explore the strengths and weaknesses of each. But it's worth noticing at the outset that this contrast can mislead.

For if we turn our gaze to the arguments about justice that animate contemporary politics – not among philosophers but among ordinary men and women – we find a more complicated picture. It's true that most of our arguments are about promoting prosperity and respecting individual freedom; at least on the surface. But underlying these arguments, and sometimes contending with them, we can often glimpse another set of convictions – about what virtues are worthy of honor and reward, and what way of life a good society should promote. Devoted though we are to prosperity and freedom, we can't quite shake off the judgmental strand of justice. The conviction that justice involves virtue as well as choice runs deep. Thinking about justice seems inescapably to engage us in thinking about the best way to live.

第2講

ギルバート・ライル
『心の概念』

小池翔一

英語の難易度　☆☆
内容の難易度　☆☆☆

第2講

はじめに

「私が腕をあげる」ということと「私の腕があがる」ということのちがいはなんでしょうか[1]。「私が腕をあげる」ときには、必ず「私の腕があがる」ということも生じていますが、「私の腕があがる」ときには、必ずしも「私が腕をあげる」ということが生じているとは言えない。とりあえずこんな関係があると言えそうです。たとえば、「私が腕をあげる」ことでタクシーを止めた場合は、「私の腕があがる」ということも生じていますが、一方、私の思いと関係なく「私の腕があがる」場合は、「私が腕をあげる」ということは生じていません。では、「私の腕があがる」に何かが加わると「私が腕をあげる」になるのでしょうか。その何かとは何なのでしょうか。また、どちらも「外から」見たときにはちがいがないように思われますが、腕をあげている（あがっている）本人にとってはちがったこととして経験されるのかもしれません。では、そのちがいは何に起因しているのでしょうか。さらに、「私が腕をあげる」と「私の腕があがる」では、その結果に対して大きなちがいが出てきそうです。たとえば、「私が腕をあげる」ことでタクシーを止めた場合は、乗らないと「なんで腕をあげたんだ！」と怒られてしまいますが、勝手に「私の腕があがる」ことでタクシーを止めてしまった場合は、その事情を説明すれば、怒られることはない、少なくとも、怒られなくてもよいという判断をする人が多いように思います。このちがいは何によってもたらされるのでしょうか。

　1つの答えは、「私の腕があがる」ということは行為者の「意志によって」腕が動いているが、「私の腕があがる」はそうではない、といったものでしょう。つまり、「私の腕があがる」と「私が腕をあげる」の差とは「意志」であり、「私が腕をあげる」ときに行為者本人に経験されているものも「意志」であり、「意志によって」行為している限り、その行為に責任をとらなければいけなくなるということです。では、「意志によって」行為するということはど

---

[1] ウィトゲンシュタインの『哲学探究』には次のような一節があります。「私が腕をあげるという事実から私の腕があがるという事実を引いたら、何が残るのか」（621節）

ういうことなのでしょうか。このとき、「意志」という作用によって行為が引き起こされていることだ、と答えることが考えられます。そして、この「意志」を物質的なものとは異なる心の働きと考えた上で、自由な行為を意志によって引き起こされたものと考えることが、哲学において1つの伝統的な考え方になっていました。

　それに対して、このような考え方に異を唱えたのが、本講で取り上げるギルバート・ライル（Gilbert Ryle）です。まず、ライルは以上のような考え方の根本にある、世界を心的なものと物的なものに分ける心身（物心）二元論を「機械の中の幽霊のドグマ（the dogma of the Ghost in the Machine）」として批判しました。心身二元論とは主にデカルトに由来するとされ、物的なものと心的なものが実在し、それぞれが独立に物的世界と心的世界を構成しているという考え方です[2]。それによれば、身体は空間の中にあるものとして、物的世界における機械論的法則に従います。しかし、それだけなら身体の動きは他の動物や植物あるいは石や水などの動きと同じような自然現象になってしまい、人間の知性が反映した行為であったり、責任を問える自由な行為であったりすることがなくなってしまうように思われます。そこで人間には心（精神）も備わっており、その心は空間の中には存在せず、機械論的法則にも従わないと言われます。このとき心（精神）を物理的世界から完全に切り離し、物理的世界から独立した心的世界を想定することで、いわば心（精神）を機械論的法則の支配から救うことになり、人間の知性や自由が確保されると想定されます。心が物的世界と結びついていれば、心も機械論的法則の支配を受けることになるからです（「意志」を脳内のなんらかの作用と考えればいいのでは、と考えた方もいるかもしれませんが、そのように考えることは単純にはできません。そう考えてしまうと意志も因果法則に従う自然現象になってしまい、人間の自由が消失してしまうと考えられるからです）。こうし

2　ただし、デカルト自身がこのような心身二元論を単純に唱えていたかは微妙です。たとえば、『方法序説』第五部には次のようにあります。「理性的精神は、水先案内人が舟に乗っているようなぐあいに、人間のからだの中に宿っている、というだけでは不十分であること、もっとも手足を動かすだけならそう考えるだけでたりるかもしれないが、それに加えてわれわれのもつような感覚や欲望をもつことができ、したがって、一人の真の人間を形づくることができるためには、精神は身体とさらに密接に結ばれ合一しているのでなければぬことを、私は示した」（野田又夫訳）

て、人間は物としての身体だけでなく心ももつゆえに、その行為はたんなる自然現象ではないと考えられるわけです。だが、そのために、心と身体（物）との相互作用は謎となり、また心については本人は直接知ることができるが、他人の心については外部から推測するしかなく、あるかないかわからないものになります。機械論的な法則に従う身体の中に、他人にはうかがい知ることのできない心があると考えるので、デカルト的な心身二元論をライルは「機械の中の幽霊のドグマ」と呼ぶわけです。

　ライルはこのような心身二元論を、言葉（あるいは概念）の使用法のまちがいから生じた、誤った考え方として批判します。心身二元論は「カテゴリー・ミステイク（category-mistake）」を犯していると言うのです。ここがライルに特徴的なところです。

　「カテゴリー・ミステイク」とはたとえば次のように説明されます。ある人が初めて大学を訪れ、図書館、運動場、博物館や各学部、事務局などを案内された後、「いろいろ見せていただきましたが、大学はどこですか」と聞いたとすれば、その人は「カテゴリー・ミステイク」を犯していることになります。というのも、その人は図書館や運動場や各学部と並んで、つまり同じカテゴリーに大学があると考えているからです。大学とは、それらが有機的に結合したものです。それらと並んで大学があるわけではありません。

　ライルは心身二元論がこのようなばかげたカテゴリー・ミステイクを犯しているのだと主張します。というのは、ライルによれば、心身二元論は、本来は別のカテゴリーに属する物と心を同じカテゴリーに置いて、同じような意味で存在すると考えてしまっているからです。たとえば、ある人が慎重に手を差し伸べた場合、それはくしゃみのようなたんなる自然現象としての身体的な動きではありません。人間の「意志的」なふるまいです。そこでこのようなときに、身体的な動きと並んで心的な作用もあると考えるのが心身二元論です。それに対してライルは、心について語ることと物について語ることは種類がちがうことであり、語り方の混同、すなわち言葉・概念の使用法をまちがえたことで心身二元論とそれにまつわる諸問題が生じたと主張します。このように、言葉・概念の使用法を誤ったことから生じた哲学的問題を、言葉・概念の正しい使用法を明らかにすることで解消するのがライルの基本

戦略です（「概念分析」と呼ばれます）。そして、『心の概念』では「機械の中の幽霊のドグマ」から論理的に不合理な帰結が導かれることを様々な事例において示すことで、この教義がカテゴリー・ミステイクに基づいたものであることを証明していきます。

　以上を踏まえた上で、本章では、『心の概念』の第3章「意志 (The Will)」の第2節「意志作用の神話 (The Myth of Volitions)」（のほぼ全部）を読んでいきます[3]。この第3章では、まずわれわれの行為が自発的な（意志的な・意志による）ものと非自発的（非意志的な・意志によらない）ものに区別されるのは、意志作用という心的な作用によって身体的作用が引き起こされているか否かだとする考え方(「機械の中の幽霊のドグマ」からの帰結の1つ)を「カテゴリー・ミステイク」によるものとして批判して、次に「自発的・非自発的」の区別あるいは自由な行為とは何なのかを明らかにします。その一部である第2節は、「意志作用」という心的作用が自発的行為を引き起こしているという考え方を批判する、たいへん有名な議論です。
　あらかじめ簡単なアウトラインを示しておきましょう。

アウトライン

§1　¶1〜¶5　　意志作用説について
§2　¶6〜¶9　　批判1：日常生活において意志作用に言及することはない
§3　¶10〜¶11　批判2：意志作用が生じていることを知ることはできない
§4　¶12　　　　批判3：意志作用と身体の関係が解決不可能な謎である
§5　¶13　　　　批判4：意志作用によって自発的行為を説明しようとすると無限後退に陥る
§6　¶14〜¶15　まとめ

3　『心の概念』には翻訳（坂本百大、井上治子、服部裕幸訳）があり、たいへん読みやすくすぐれた訳です。今回の訳出に当たっても参考にさせていただきました。ただ、本書の性質上、英文との対応が明確になるよう、文の区切りなどは英文に合わせており、かなり異なる訳になっています。

第２講

§ 1

われわれの自発的な行為はわれわれの意志が行為を引き起こしているから、たんなる自然現象とは異なると多くの人は考えているでしょう。そのような常識的とも思える考え方を、ライルはどのように批判するのでしょうか。それでは英文を読んでいきましょう。

> [1] It has for a long time been taken for an indisputable axiom that the Mind is in some important sense tripartite, that is, that there are just three ultimate classes of mental processes. The Mind or Soul, we are often told, has three parts, namely, Thought, Feeling and Will; or, more solemnly, the Mind or Soul functions in three irreducibly different modes, the Cognitive mode, the Emotional mode, and the Conative mode. This traditional dogma is not only self-evident, it is such a welter of confusions and false inferences that it is best to give up any attempt to re-fashion it. It should be treated as one of the curios of theory.

It ... : It は that 以下を指しています。また、tripartite という見慣れない単語を that is 以下で説明し直していますから、そこから tripartite の意味・内容をつかむといいでしょう。とはいえ、そのあとの three ultimate classes of mental process もやはりよくわかりませんから、このあとに説明が来ることを期待しつつ先を読みます。tripartite：三部から成る、３つに分かれた。tri は「３」を意味する接頭語です (triple, triangle など)。axiom：公理。The Mind ... ：前文を言い換えている文です。このような心についての伝統的な考え方は、たとえばプラトンに見られます。プラトンは『国家』において、魂には「知性的部分」「欲望的部分」「気概的部分」の３つの区分があると論じています。Conative：文法用語で「動能的」といった意味がありますが、ここでは「心の様態」の１つですから「意志的・意欲的」などでいいでしょう。dogma：「教義」や「信条」といった意味がありますが、哲学の議論では「独断的な説」といっ

た意味合いでよく使われます。such ... that ~：一般的には「とても…なので~だ」と訳されることが多いですが、それは一種の方便です。such ... は「そのような（それくらい）…」です。ここでは「そのような混乱と誤った推論のごった煮」となります。「どのような」を示すのが that 以下です。すなわち「それ（= the traditional dogma）を作り直すいかなる試みも断念するのが最善である」ような「混乱と誤った推論のごった煮」ということです。curio：骨董品。

【訳】心が、ある重要な意味において三部構成である、すなわち、心的プロセスはちょうど３つの根本的な部分から成っているということは長きにわたって議論の余地のない公理と見なされてきた。心あるいは魂は、しばしば言われるように、３つの部分、すなわち、思考、感情、意志から成っている、あるいは、より堅苦しい言い方をすれば、心あるいは魂は、認知的様態、情緒的様態、そして意志的様態という３つの還元不可能な異なる様態で機能する。この伝統的なドグマは自明でないだけでなく、それを作り直すいかなる試みも断念するのが最善な、混乱と誤った推論のごった煮である。それは理論の骨董品の１つとして扱われるべきである。

[2] The main object of this chapter is not, however, to discuss the whole trinitarian theory of mind but to discuss, and discuss destructively, one of its ingredients. I hope to refute the doctrine that there exists a Faculty, immaterial Organ, or Ministry, corresponding to the theory's description of the 'Will' and, accordingly, that there occur processes, or operations, corresponding to what it describe as 'volitions'. I must however make it clear from the start that this refutation will not invalidate the distinctions which we all quite properly draw between voluntary and involuntary actions and between strong-willed and weak-willed persons. It will, on the contrary, make clearer what is meant by 'voluntary' and 'involuntary', by 'strong-willed' and 'weak-willed',

by emancipating these ideas from bondage to an absurd hypothesis.

The main object ...：前パラグラフの議論を受けて、この文章（章）の目的を明らかにします。The main object of this chapter が主語で is not to discuss ... but to discuss ~ という形です。また、whole は「すべての」ではなく「全体の」です。one of its ingredients との対比をおさえたいところです。ingredient：成分、要素。I hope ...：to refute the doctrine that ~ and, accordingly, (the doctrine) that ... という形で、どちらの that 節も the doctrine とイコールです。I must ...：自分が反駁（はんばく）する事柄の範囲を明らかにしています。仮に「意志作用」に関する理論を反駁できたとしても、それと同時に「自発的・非自発的」というまともな区別まで否定してしまっては、議論として強すぎ、結果として不適切なものになってしまうからです。make it clear の it=that 以下です。which の先行詞は distinctions で、we all quite properly draw distinctions between ... という表現が元になっています。また、between (A and B) and between (C and D) という形です。It will ...：前文を踏まえて、自分の議論の意味を明らかにしています。It=this refutation。make clearer ~ , by emancipating ... というのが大きな形で、その間に what is meant by ~, by ... という make の目的語が入っています。最後の absurd hypothesis はこのパラグラフの２文目の the doctrine のことです。voluntary：言葉としては、ラテン語の voluntarius（自由意志による）に由来しています。自由意志（volunt）＋~に関する（ary）。自発的な、意志的な。ボランティア（volunteer）は同語源。volition も関連する語。on the contrary：それどころか、しかしながら。emancipate：解放する、自由にする。

【訳】しかし、この章の主な目的は心についての三部分説の全体を議論することではなく、その構成要素の一部を議論すること、しかも否定的に議論することである。私が反駁したいのは、その理論（＝三部分説）が描く「意志」に対応した機能や非物質的な機関、あるいは司令部が存在するという教義と、したがって、その理論が「意志作用」として記述するものに対応するプロセスや作用が生じているとする教義である。しかし、私の反駁が自発的行為と非自発的行為の区別や

意志の強い人と弱い人の区別といった、私たちの誰もが適切に行っている区別を無効化するものではないことを明らかにしておくべきだろう。それどころか、私の反駁は「自発的」と「非自発的」や「意志の強い」と「意志の弱い」ということで何が意味されているのかを、それらの概念をばかげた仮説の縛りから解放することで、より明確にするだろう。

> [3] Volitions have been postulated as special acts, or operations, 'in the mind', by means of which a mind gets its ideas translated into facts. I think of some state of affairs which I wish to come into existence in the physical world, but, as my thinking and wishing are unexecutive, they require the mediation of further executive mental processes. So I perform a volition which somehow puts my muscles into action. Only when a bodily movement has issued from such a volition can I merit praise or blame for what my hand or tongue has done.

Volitions ...：批判の準備として、volition がこれまでどのようなものと想定されていたかという話です。'in the mind'：ここにカッコがついているのは、「心の中」という考え方に筆者が否定的だからでしょう。by means of which：which の先行詞は special acts, or operations です。act：ここでは、次のパラグラフの bodily act との対比を重視して「行為」としましたが、「作用」でもいいでしょう。I think ...：前文の内容を具体的に説明していきます。まず、thinking と wishing はそれぞれ、三部分説の「思考」と「感情」に相当し、どちらも physical world とは別の心（の世界）に属します。そして、三部分説ではそれらは直接物理的世界に働きかけることができず、「意志作用」が必要とされるという理屈です。as：「理由」の接続詞です。think of A as B などと誤読しないように注意しましょう。somehow：「意志作用が行為を引き起こす」という考え方が納得できないという、筆者の考えが反映しています。Only when：倒置になっています。主語は I。意志作用によって実際に書いた

り話したりしたときのみ、道徳的に批難されたり称賛されたりする、という意志作用を想定する理論の考え方を説明しています。

【訳】意志作用は「心の中の」特別な行為、あるいは作業であり、それらによって心が考えを実現すると想定されてきた。私は物理的世界の中に実現したいと願っているある事態について考えているが、私の思考や願いは実行力がないので、実行力のある他の心的プロセスの媒介を必要とする。だから、私は意志作用を実行して、何かの仕方で筋肉を動かす。そのような意志作用によって身体の動きが生じたときのみ、私の手や舌がしたことに対して私は称賛や批難を受ける。

[4] It will be clear why I reject this story. It is just an inevitable extension of the myth of the ghost in the machine. It assumes that there are mental states and processes enjoying one sort of existence and bodily states and processes enjoying another. An occurrence on the one stage is never numerically identical with an occurrence on the other. So, to say that a person pulled the trigger intentionally is to express at least a conjunctive proposition, asserting the occurrence of one act on the physical stage and another on the mental stage; and, according to most versions of the myth, it is to express a causal proposition, asserting that the bodily act of pulling the trigger was the effect of a mental act of willing to pull the trigger.

It will ... : 前のパラグラフと同様に意志作用が行為を引き起こすという説（=this story）の説明が続きます。以下、「意志作用が行為を引き起こすという説」を「意志作用説」と呼ぶことにします。the dogma of the ghost in the machine：機械の中の幽霊のドグマ。It assumes ... : mental ⇔ bodily の二元論です。bodily：英語の body は「身体」も「物体」も指します。ここでは「身体」でいいかと思います（→ Box 1）。enjoy：ここでは「享受する」といっ

た意味でしょう。An occurrence ...：意志作用説の説明の続きです。stage：異なる実在の世界を「舞台」に喩えています。numerically identical：数的に同一。数的な同一性とは質的な同一性と対照をなすものです。たとえば、「明けの明星」と「宵の明星」は同じ金星を指しているので数的に同一です。一方、まったく同じように作られた2つのケーキは、質的には同一ですが数的には同一ではありません。心身二元論では心的なものと物的なものがそれぞれ実在するので、ある心的プロセスと物的プロセスが数的に同一とは考えません。So, ...：前文の内容を具体的に説明しています。心的世界と物的世界が切り離されているため、ある人の意図的行為について述べることが、2つの世界についてそれぞれ述べることを含むことになるということです。意図的行為はたんなる物的な動きではないと考えられるからです。conjunctive：連言的な。連言（命題）とは複数の命題が「そして（かつ）」でつながった命題のことです。

【訳】私がなぜこの説を拒否するかは明らかだろう。これはまさに機械の中の幽霊の神話の不可避的な延長である。それは、1つの種類の実在である心的な状態やプロセスが存在し、もう1つの種類の実在である身体的な状態やプロセスが存在すると想定する。1つの舞台におけるできごとは決して他の舞台におけるできごとと数的に同一ではない。だから、ある人が意図的に引き金を引いたと言えば少なくとも連言命題を表現したことになり、物質的な舞台における行為とは別の、心的な舞台における行為が起きたと主張していることになる。そして、そういった神話の見解では、そのように言うことは因果命題を表現することであり、引き金を引いたという身体的行為は引き金を引くことを意図するという心的行為の結果だと主張することになる。

> **Box 1　body =身体？　物体？**
> 　英語の「body」は「身体」だけでなく「物体」を意味しますが、同様のことは他の西洋の言語にも見られます（ドイツ語の「Körper」、フランス語の「corps」など）。一方、日本語には「body」に相当する言葉はないように思われます。たとえば、日本語の「身」という言葉は、「身に沁みる」「身につまされる」「身を入れる」といった慣用表現からもうかが

えるように、たんなる物体としての身体を意味するのではなく、心を含み込んでいる言葉のように思われます（英語の「body」にはこのような意味合いの慣用表現は非常に少ないです）。人間の身体も物体も非生命的な物質として一緒くたにとらえる「body」に相当する言葉がないということが、（ある時期までの）日本にはデカルト的な心身二元論的な考え方がなかったということを示していると言えるかもしれません。ただ、だからといって、さまざまな問題をはらむ心身二元論を、身体と心を切り離さない日本の伝統的な考え方で乗り越えられる（あるいは乗り越えている）とは単純には言えないでしょう。というのは、かりに心と身体を切り離さないで考えることが正しいとして、心と身体を切り離さないで考えるとはどういうことなのかが、必ずしも明確ではないからです。

　ちなみに、日本語の「からだ」という言葉は「殻」に由来しており（「だ」についてはいくつかの説があります）、もともとは「死体（なきがら）」を指していました。現在のように「生きているからだ」にも使われるようになったのは、中世後期からのようです。

[5] According to the theory, the workings of the body are motions of matter in space. The causes of these motions must then be either other motions of matter in space or, in the privileged case of human beings, thrusts of another kind. In some ways which must forever remain a mystery, mental thrusts, which are not movements of matter in space, can cause muscles to contract. To describe a man as intentionally pulling the trigger is to state that such a mental thrust did cause the contraction of the muscles of his finger. So the language of 'volitions' is the language of the para-mechanical theory of the mind. If a theorist speaks without qualms of 'volitions', or 'acts of will', no further evidence is needed to show that he swallows whole the dogma that a mind is a secondary field of special causes. It can be predicted that he will correspondingly

> speak of bodily actions as 'expressions' of mental processes. He is likely also speak glibly of 'experiences', a plural noun commonly used to denote the postulated non-physical episodes which constitute the shadow-drama on the ghostly boards of mental stage.

the theory：意志作用説のことです。この説明が続きます。matter in space：another kind と対比をなしており、後者は心的なものを指しているのだろうと考えながら読みます。thrust：ぐいと押すこと、といった意味がありますが、ここでは身体の動きの原因ですから「推力」と訳しておきます。In some ways ...：mental thrusts が主語。, which：関係代名詞の非制限用法です。非制限用法は付け足し・補足のようなものと考えるといいでしょう。To describe ...：前文の内容を前パラグラフで述べた具体的事例に当てはめています。the language of 'volitions'：この language は the language of the law（法律用語）と同様の用法です。volition というものが存在することを仮定した理論の言葉です。para-mechanical：para は「擬似」がよさそうです。実際には謎だらけですが、心の働きを機械論的に説明しようとしているということです。If ...：if 節内は speaks (without qualms) of ～ という形です。the dogma は意志作用説のことです。correspondingly：理論家が前文で示されたような語り方をするのに対応して、といった意味でしょう。'expressions'：express は「ex（外に）＋ press（押す）」から「表現する」。身体の動きは心的プロセスの「表現」であるというのは、「腕をあげる」という身体動作が、「腕をあげよう」という心的プロセス（意志作用）の現れ（表現）であるという考え方です。これはそれほどおかしな考え方ではないように思われるのではないでしょうか。しかし、ライルはこれをまちがった考え方だと批判していきます。glibly：いい加減に。'experiences'：a plural noun 以下と同格です。used 以下が a plural noun を修飾します。shadow-drama：心の中で起こっているとされる「心的プロセス」のことを指しています。

【訳】この理論によると、身体のなすことは空間内の物質の動きということになる。すると、これらの動きの原因は空間内の他の物質の動きか、人間だけが特権的に

もつ別種の推力のどちらかである。永遠に不可解なままであるしかないいくつかの方法によって、心的な推力は、それは空間内の物質の動きではないのだが、筋肉の収縮を引き起こすことができるとされる。ある男を意図的に引き金を引いたと記述することは、それ相応の心的推力が彼の指の筋肉の収縮を引き起こしたと述べることに等しい。だから、「意志作用」という言葉を含む用語は、心についての擬似機械的な理論の用語である。もしある理論家がいっさいの疑念もなく「意志作用」や「意志の働き」について語ったならば、心が特殊な原因の存在する第二の領域であるとするドグマのすべてをうのみにしていることを示すのに、これ以上の証拠はいらない。そう語るのに対応して、彼が身体の動きを心的プロセスの「表現」であると語ると予想できる。彼はまた「経験」について饒舌にしゃべる。「経験」という名詞の複数形が一般的に使われるのは、心的舞台の幽霊的な演壇で上演される影のドラマを構成すると想定された非物質的エピソードを指すためである。

§ 2

> [6] The first objection to the doctrine that overt actions, to which we ascribe intelligence-predicates, are results of counterpart hidden operations of willing is this. Despite the fact that theorists have, since the Stoics and Saint Augustine, recommended us to describe our conduct in this way, no one, save to endorse the theory, ever describes his own conduct, or that of his acquaintances, in the recommended idioms. No one ever says such things as that at 10 a.m. he was occupied in willing this or that, or that he performed five quick and easy volitions and two slow and difficult volitions between midday and lunch-time. An accused person may admit or deny that he did something, or that he did it on purpose, but he never admits or denies having willed. Nor do the judge and jury require to be satisfied by evidence, which in the nature of the case could never be adduced, that a volition preceded the pulling of the trigger. Novelists describe the actions, remarks, gestures, the daydreams, deliberations, qualms, and embarrassments of their characters; but they never mention their volitions. They would not know what to say about them.

The first objection ... : 筆者による意志作用説の批判が始まります。The first objection とありますから、これ以降に「第2、第3……」と続いていくことを予想しながら、どこまでが第1の反論かを意識します。先の方を眺めてみると、今回は The second objection, Thirdly, Fourthly とありますから、4つの反論が出てくると予想できます。The first objection ～ willing までが主語。その中の that 節が willing までで先行詞は the doctrine。そして、which の先行詞が overt actions とやや複雑です。最後の this は次の文以降を指します。overt actions：hidden operations と対比的な、「外に現れた身体的行為」のことです。intelligence-predicates：clever や logical あるいは stupid や

illogical といったものです。自然現象とは異なる、人間のある種の行為につく述語です。save：…を除いて、…のほかは、という意味の前置詞。that of his acquaintances：that は the conduct。idioms：さきほど出てきた language とつながる表現です。同じことでも表現を変えながら議論が進められます。No one ...：前文の内容を具体的に説明します。Nor ...：倒置の文で、ふつうの語順に戻せば The judge and jury don't require ~ , neither.　意志作用が引き金を引くことに先行したことを証明できないのは、確かめようがないからです。意志作用自体は心的世界に属する事柄ですから、脳を調べても生じたかどうかわからないのです。adduce：証拠として挙げる。They would ...：They は novelists、them は volitions。

【訳】外に現れた行為をわれわれは知性に関わる述語で示すのだが、それが隠れた意志の作用の結果であるとする教義への最初の反論は以下のとおりである。ストア派やアウグスティヌス以来、理論家たちが以上のようなやり方でわれわれのおこないを記述するように薦めてきたにもかかわらず、誰も、その理論を支持するとき以外は、自分自身のおこないも、彼の周りの人のおこないも、推薦された語彙によって記述することはなかった。彼は午前 10 時にあれこれするという意志にとらわれたとか、彼は正午とランチタイムの間に、簡単な意志作用をすばやく 5 回と難しい意志作用をゆっくり 2 回遂行したと言った者などいない。被告人は彼が何かをしたり、それを意図的にしたと言ったことについては認めたり否認したりするが、意志したと認めたり否認したりは決してしない。裁判官や陪審員も、意志作用が引き金を引くことに先行したということを証明するのは事柄の本質上不可能だが、これを証拠にして答えるよう要求しない。小説家は登場人物の行為、意見、身ぶり、しかめつら、空想、思慮、不安や当惑を記述するが、彼らの意志作用については決して言及しない。彼らは意志作用について語るべきことを知らないのだろう。

[7] By what sorts of predicates should they be described? Can they be sudden or gradual, strong or weak, difficult or easy, enjoyable or

> disagreeable? Can they be accelerated, decelerated, interrupted, or suspended? Can people be efficient or inefficient at them? Can we take lessons in executing them? Are they fatiguing or distracting? Can I do two or seven of them synchronously? Can I remember executing them? Can I executing them, while thinking of other things or while dreaming? Can they become habitual? Can I forget how to do them? Can I mistakenly believe that I have executed one, when I have not, or that I have not executed one, when I have? At which moment was the boy going through a volition to take the high dive? When he set foot on the ladder? When he took his first deep breath? When he counted off 'One, two, three – Go', but did not go? Very, very shortly before he sprang? What would his own answer be to those questions?

By what sorts ...：第２の反論はこの先の The second objection 以下と考えられますから、ここはまだ第１の反論の続きとして読む必要があります。この一文は前のパラグラフの最後の一文、「意志作用について語るべきことを知らない」を受けて「どんな述語によって意志作用を記述すべきか」とつながっているということがわかったでしょうか。それゆえこの文の they は volitions のこと（前パラグラフ最後の them）です。次の文に sudden or gradual とあり、前パラグラフに quick や slow とあったことからもわかります。Can they be sudden ...：１文目の疑問が具体的に言い換えられています。このように具体的な事例を並べることで、われわれが意志作用に言及することができないということを示しています。このように考えてみたときの不自然さから、意志作用という概念の誤りを明らかにするのが狙いでしょう。

【訳】どんな種類の述語によって意志作用は記述されるべきなのだろうか。それらは突然であったり徐々にであったり、強かったり弱かったり、難しかったり簡単だったり、たのしかったり不愉快だったりということがありうるのか。それらは加速されたり減速されたり、中断されたり、延期されたりすることがありうる

第 2 講

のか。人はそれらの行使が上手かったり下手だったりするのか。それらの行使の仕方についてわれわれは授業を受けられるのか。それらは人を疲れさせたり、気をそらさせたりするのか。同時に 2 つや 7 つの意志作用を行使できるのか。意志作用を行使したことを覚えていられるのか。それらを他のことを考えていたり、夢を見ている間に行使することができたりするのか。それらは習慣的なものになりうるのか。それらの行使の仕方を忘れることはありうるか。それを行使していないときに、したと誤って信じることや、行使したときにしていないと誤って信じることはありうるのか。どの瞬間に高飛び込みをする意志作用を少年は経験するのか。はしごに足を掛けたときか。最初の深呼吸のときにか。飛び込んでいないものの、「いち、に、さん…ゴー」とカウントしたときか。飛ぶほんの直前か。これらの質問に対する彼自身の答えはどのようなものだろうか。

[8] Champions of the doctrine maintain, of course, that the enactment of volitions is asserted by implication, whenever an overt act is described as intentional, voluntary, culpable, or meritorious; they assert too that any person is not merely able but bound to know that he is willing when he is doing so, since volitions are defined as a species of conscious process. So if ordinary men and women fail to mention their volitions in their descriptions of their own behaviour, this must due to their being untrained in the dictions appropriate to the description of their inner, as distinct from their overt, behaviour. However, when a champion of the doctrine is himself asked how long ago he executed his last volition, or how many acts of will he executes in , say, reciting 'Little Miss Muffet' backwards, he is apt to confess to finding difficulties in giving the answer, though these difficulties should not, according to his own theory, exist.

Champions ... ：第 6 パラグラフから始まった第 1 の反論は、まず意志作用に

言及する人がいない（¶6）と述べ、それを受けてさらに意志作用に言及することができない（¶7）と進んできました。それに対してここでは、意志作用説を擁護する人たちからの想定される反論を取り上げます。自分の主張を一方的に並べたてるのではなく、相手の考えを取り上げて論じ、さらにそれを批判することで、客観性が増し、説得力が増します。たとえば、「いもようかん」のおいしさを伝えたいときには、たんに「いもようかん」のすばらしさを言い立てるよりも、相手がおいしいと思っているものを取り上げ、「○○のロールケーキや××のシュークリームも確かにおいしいけど、少し甘すぎるんじゃないかな。いもようかんのほうがおいしいよ」と言ったほうが効果的です。典型的な議論の仕方ですね。ここでは、セミコロンの前で¶6への想定される反論が、後ろで¶7への想定される反論が取り上げられています。つまり、「意志作用に言及しない（筆者の主張）」（¶6）⇔「暗に述べられている」、「言及できない（筆者の主張）」（¶7）⇔「できる」と対応しています。champion：「チャンピオン（優勝者）」ではなく、「（主義・主張の）擁護者」。champion は「戦場（野原）camp で戦う人」が原義です。enactment：上演（performance）の意味がありますが、そのままだとわかりにくいので、文脈に沿って訳したほうがいいでしょう。not merely able but bound to know...：not merely A but (also) B で「AばかりだけでなくBも」。bound だけでなく able も to know 以下につながる点に注意。So if ...：前文を受けて、意志作用に言及できない場合は、できない人が悪いという議論が続きます。これは、言及できない場合は意志作用という概念が悪いからではないということであり、¶7の筆者の議論への反論となっているわけです。diction：言葉づかい。appropriate 以下は diction を修飾しています。However, ...：この文は、意志作用説論者の反論に対する筆者による再反論になります。'Little Miss Muffet'：「小さなマフェット」はマザーグースの中の歌の１つ。

【訳】あの教義の擁護者たちはもちろん、外に現れた行為が意図的、自発的、罪に値する、あるいは称賛に値すると記述されるときは、いつでも意志作用の行使は暗に述べられていると主張する。意志作用は意識的プロセスの一種として定義されているので、意志が作用しているときは、どんな人でも自分が意志を作用さ

第2講

せていると気づけるし、また気づくものだと主張する。だから、もし一般の男女が自身の行為を説明する際に彼らの意志作用に言及することができないのであるならば、外部に現れたものと区別される、内部の行為を説明する際の適切な言葉づかいを彼らが訓練していないせいになる。しかし、あの教義の擁護者自身が最後にいつ意志作用を行使したかとか、たとえば「小さなマフェット」を逆向きに暗誦するときに何度意志の働きを行使するかと尋ねられると、彼は答えることが難しいと気づいたと白状することになるだろう。しかし、彼自身の理論によればそのような困難は存在しないはずだ。

[9] If ordinary men never report the occurrence of these acts, for all that, according to the theory, they should be encountered vastly more frequently than headaches, or feelings of boredom; if ordinary vocabulary has no non-academic names for them; if we do not know how to settle simple questions about their frequency, duration or strength, then it is fair to conclude that their existence is not asserted on empirical grounds. The fact that Plato and Aristotle never mentioned them in their frequent and elaborate discussions of the nature of the soul and the springs of conduct is due not to any perverse neglect by them of notorious ingredients of daily life but to the historical circumstance that they were not acquainted with a special hypothesis the acceptance of which rests not on the discovery, but on the postulation, of these ghostly thrusts.

If ordinary ... ：if 節が３つ続き、すべて then 以下につながっていきます。ここまでの第１の反論の議論を受けて、意志作用は経験的な根拠に基づいてその存在が主張されたものではないという結論が導かれています。for all：…にもかかわらず。The fact ... ：前文の主張をさらに根拠づけていきます。their frequent and elaborate discussions：プラトンによって書かれた一連の対話編のことです。あんなに議論していた彼らが意志作用に触れていないのだから、

その存在は自明ではないということです。due not to ... but to ~ という形です。the acceptance of which：which の先行詞は a special hypothesis。rests ...：rests not on ..., but on ~ という形です。末尾の of these ghostly thrusts は直前にカンマがあることから、the postulation だけではなく the discovery も修飾します。

【訳】理論的には頭痛や倦怠感よりもはるかに高い頻度で経験しているはずなのに、もし一般の人々がこれらの作用の生起を決して語ることがないのだとすれば、日常の語彙が意志作用に対して非学術的な名前をもっていないのだとすれば、それらの頻度や持続や強さについての簡単な質問に応える方法を知らないのだとすれば、意志作用の存在は経験的な根拠に基づいて主張されたものではないと結論づけるのが妥当である。プラトンやアリストテレスが彼らの頻繁かつ詳細になされた魂の本性や行為の原因についての議論の中で決して意志作用に触れなかったのは、日常生活においてよく知られた要素を不当にも無視したせいではない。幽霊的な推力の発見ではなく前提に基づいて受け入れられた特殊な仮説を、彼らが知らなかったという歴史的な事情によるのである。

> **Box 2 アキレウスには意志も意識も存在しない？**
> 　デカルトが心身二元論を明確な形で打ち出す以前の西洋では、心と身体はどのように考えられていたのでしょうか。ソクラテスとプラトンは身体とは異なる魂（プシュケー）の不死を主張しています。デカルトほど極端ではないにしろ、心と身体を明確に区別しているように思われます。これに対して、アリストテレスは魂は身体の「形相」（英語では form）であり、死後存続することはないと考えていたようです。ちなみに、ライルは古典にも詳しく、とくにアリストテレスの考え方を自身の議論に援用している箇所が多々あります。詳しいことは＜読書案内＞で挙げた本を参照していただくとして、ここでは「アキレウスには意識や行為の主体となる統一した心は存在しない」という説があることを紹介したいと思います。アキレウスはホメロスの叙事詩で歌われているギリシア軍の英雄です。そんな彼には意識などなく、ましてや意志などなく、

現代人のような意識が人間にめばえたのはおよそ三千年前（ホメロスの叙事詩が書かれた直後あたり）にすぎないというのです。ホメロスの叙事詩は紀元前8世紀末のものですから、ソクラテスやプラトンが生きた紀元前5、4世紀より前になります。この2つの時代の間に人間観に関して断絶があると考えるわけです。興味をもたれた方は、ぜひ＜読書案内＞で挙げる②を読んでみてください。ちなみに、同書では意志が生まれたのはおよそ千五百年前、アウグスティヌスの『告白』をもってだと論じられています。

§ 3

> [10] The second objection is this. It is admitted that one person can never witness the volitions of another; he can only infer from an observed overt action to the volition from which it resulted, and then only if he has any good reason to believe that the overt action was a voluntary action, and not a reflex or habitual action, or one resulting from some external cause. It follows that no judge, schoolmaster, or parent ever knows that the actions which he judges merit praise or blame; for he cannot do better than guess that the action was willed. Even a confession by the agent, if such confessions were ever made, that he had executed a volition before his hand did the deed would not settle the question. The pronouncement of the confession is only another overt muscular action. The curious conclusion results that though volitions were called in to explain our appraisals of actions, this explanation is just what they fail to provide. If we had no other antecedent grounds for applying appraisal-concepts to the actions of others, we should have no reasons at all for inferring from those actions to the volitions alleged to give rise to them.

The second ... : ここから 2 つ目の反論になります。this が指すのはもちろんこの後の部分です。infer from ... to ~ : …から~を推測する。from which it resulted : which の先行詞は volition、it は an observed overt action を指します。one resulting from : one は an action。the actions which he judges merit praise or blame : which he judges が the actions を修飾して、the actions は merit の主語。なお、know には「確信している」というニュアンスがあります。Even ... : この文は、if ~ made を挿入と考え、that ~ deed が a confession とイコールで、would not settle を動詞ととらえるといいでしょう。the question は「その行為が意志されていたことを推測するしかないという問題」のことでしょう。The pronouncement ... : 前文の理由が示されています。「意志によってし

たんだ」と告白したとしても、それが意志によってなされたかどうかわかりません。それを調べるために、その告白が意志によってなされたかどうか尋ねたとしても、同様の問題が生じます。したがって、その告白を真に受けていいのかわからない（たとえばインコの「発話」と区別できるか判断できない）ため、最初の行為が意志によってなされたかどうか確信がもてないということです。this explanation：これは直前の to explain our appraisals of actions に相当し、「行為を評価するというわれわれの営みの説明」。このあとの they は volitions。意志作用は行為を評価するというわれわれの営みを説明するために導入されているのに、意志作用が生じているかどうか確かめようがないために、そのような説明の役に立たないという結論が導かれ、「奇妙だ」と言っているわけです。If ...：ここは仮定法過去です。should は「～であろうに」。volition の有無によって行為をどう評価するか判断できないのだから、じつは volition 以外の根拠によって行為をどう評価するかを判断していて、その後で、たとえば称賛や批難に値する場合は volition があったと言っているだけに過ぎないと主張しているわけです。

【訳】第二の反論は以下のようなものである。人は他人の意志作用を決して目撃することはできないということが認められている。すなわち、彼は外に現れた行為を観察して、それを結果として生じた原因としての意志作用を推測することができるだけである。しかもそれは、その外的行為が自発的な行為であって、反射的な行為や習慣的な行為、あるいはなんらかの外的要因によって生じた行為ではないと信じるに足る理由があるときだけである。そのため、どんな裁判官も教師も親も自分が判断した行為が称賛あるいは批難に値すると確信はもてない。というのも、その行為が意志によることを推測するにとどまるからである。手を使う前に意志作用を実行したと本人が表明したとしても、それで問題が解決することはない。告白の表明もまた別の外的行為だからである。こうして、意志作用はわれわれの行為を評価するという営みを説明するために導入されたにもかかわらず、まさにそのことを説明することに失敗するという奇妙な結論が導かれる。評価にかかわる概念を他人の行為に適用することに対して（volition という概念に）先行する他の根拠がないならば、そのような行為からそれらを引き起こしたとさ

れる意志作用を推測する理由はまったくないであろう。

> [11] Nor could it be maintained that the agent himself can know that any overt action of his own is the effect of a given volition. Supposing, what is not the case, that he could know for certain, either from the alleged direct deliverances of consciousness, or from the alleged direct findings of introspection, that he had executed an act of will to pull the trigger just before he had pulled it, this would not prove that the pulling was the effect of that willing. The connexion between volitions and movements is allowed to be mysterious, so, for all he knows, his volition may have had some other movement as its effect and the pulling of the trigger may have had some other event for its cause.

Nor...：倒置になっています。元の語順にすると、It could no..., neither. ここは前パラグラフにある内容「他人の意志作用の有無を知ることができない」を受けて、「自分の意志作用を知ることもできない」と述べています。2つ目の反論の続きであることは、次のパラグラフ冒頭に Thirdly とあることから明らかです。Supposing ...：supposing that ... で「もし…ならば」という意味です。what is not the case「事実ではないのだが」という意味です。次の that 節は know の目的語です。alleged：「主張された」という意味ですが、ここでは「意志作用説が言うところの」と、筆者が認めていないことを暗示します。for all ...：…にもかかわらず。as...：…として。

【訳】ある外的行為が特定の意志作用のせいだと本人ならわかると主張することもできないだろう。事実に反することではあるが、意識における直接的な伝達か、内観による直接的な発見とされるものによって、引き金を引く直前に、引き金を引くという意志の作用を行使したということを確信をもって知ることができたと考えてみても、このことはその行為がその意志の結果であるということを証明し

ない。なぜなら、意志作用と身体的運動との関係は謎のままなので、彼が知っていることに関係なく、彼の意志作用は結果として別の行為を引き起こしていたかもしれないし、他のことが原因で引き金を引いたのかもしれないからである。

§ 4

> [12] Thirdly, it would be improper to burke the point that the connexion between volition and movement is admitted to be a mystery. It is a mystery not of the unsolved but soluble type, like the problem of the cause of cancer, but of quite another type. The episodes supposed to constitute the careers of minds are assumed to have one sort of experience, while those constituting the careers of bodies have another sort; and no bridge-status is allowed. Transactions between minds and bodies involve links where no links can be. That there should be any causal transactions between minds and matter conflicts with one part, that there should be none conflicts with another part of the theory. Minds, as the whole legend describes them, are what must exist if there is to be a causal explanation of the intelligent behaviour of human bodies; and minds, as the legend describes them, live on a floor of existence defined as being outside the causal system to which bodies belong.

Thirdly：ここから３つ目の反論です。it would ... : it は to burke 以下を指し、the point=that 節です。burke は「もみ消す、棚上げにする」。It is a mystery... : ここは not of A ..., but of B という形になっています。The episodes ... : The episodes ... minds までが主語で are が動詞、those は the episodes。That there ... : ここは That ～ matter までが主語で、その動詞が conflicts。さらに that ～ none までが主語でその動詞が conflicts です。心と物質に相互作用があるはずだと述べると、心的世界と物的世界の２つの実在を想定して人間の心（精神）を機械論的世界から救おうとする二元論と矛盾してしまい、いかなる相互作用もあるはずがないと述べると、意志作用が行為を引き起こすという考えと矛盾します。Minds ... :「機械の中の幽霊のドグマ」がもつ矛盾が説明されています。心は、人間の知的なふるまいを、単なる自然現象（物的現象）と区別するために導入された実在です。しかし、心が物

（身体）とは異なる実在だとすると、どうして両者が関係できるのか（異なる次元にある２つの実体が、因果関係によって結びつけるはずがない）という問題が生じます。心と物（身体）は異なる実在であって、因果関係も持ちようがないのだとすると、そもそも、「心が原因になって生じるふるまい」と「そうでないふるまい」という区別をつけることなどできなくなります。こうして、「機械の中の幽霊（＝実体としての心）」という考え方は、矛盾を含むことになります。the whole legend：「機械の中の幽霊」のこと。to which：which の先行詞は the causal system で、bodies belong to the causal system という文が元です。

【訳】第三に、意志作用と身体的運動との関係は謎のままであることが認められているという点を棚上げにするのは不適切である。それは、癌の原因がわからないように、解決はされていないが解決可能なタイプの謎なのではなく、まったく別のタイプの謎である。心の経歴を構成すると考えられているエピソードは、身体の経歴を構成すると考えられているエピソードとは別種の存在で、両者を橋渡しする存在は認められていない。心と身体の相互作用はいかなるつながりも存在しえないところでつながりを含んでいるのだ。心と物質の間になんらかの因果的な相互作用があるはずだということは、その理論のある部分と矛盾し、いかなる相互作用もあるはずがないということは、その理論の他の一部に抵触する。その伝説全体が描くように、心は、人間の身体の知的なふるまいについてのなんらかの因果的説明がありうるならば、存在しなければならないものである。だが、その伝説が描くように、身体が属している因果的システムの外にあると規定すべき領域に心は存在する。

§ 5

[13] Fourthly, although the prime function of volitions, the task for the performance of which they were postulated, is to originate bodily movements, the argument, such as it is, for their existence entails that some mental happenings also must result from acts of will. Volitions were postulated to be that which makes actions voluntary, resolute, meritorious, and wicked. But predicates of these sorts are ascribed not only to bodily movements but also to operations which, according to the theory, are mental and not physical operations. A thinker may ratiocinate resolutely, or imagine wickedly; he may try to compose a limerick and he may meritoriously concentrate on his algebra. Some mental processes then can, according to the theory, issue from volitions. So what of volitions themselves? Are they voluntary or involuntary acts of mind? Clearly either answer leads to absurdities. If I cannot help willing to pull the trigger, it would be absurd to describe my pulling it as 'voluntary'. But if my volition to pull the trigger is voluntary, in the sense assumed by the theory, then it must issue from a prior volition and that from another ad infinitum. It has been suggested, to avoid this difficulty, that volitions cannot be described as either voluntary or involuntary. 'Volition' is a term of the wrong type to accept either predicate. If so, it would seem to follow that it is also of the wrong type to accept such predicates as 'virtuous' and 'wicked', 'good' and 'bad', a conclusion which might embarrass those moralists who use volitions as the sheet-anchor of their systems.

Fourthly...：ここから第四の反論です。although ...：movement までが従属節、the argument 以下が主節。the task ... postulated=the prime function of volitions、they=volitions。which の先行詞は the performance。they(=

第 2 講

volitions) were postulated of the performance が元になっている表現です。such as it is：「こんな程度のものだが」という意味の慣用表現でもありますが、ここは文脈（この後の議論）から「そういうものとして→その論証の性質上」などと理解したいところです。that which：〜するもの（こと）= what。limerick：「五行戯詩」と訳される。滑稽な内容の五行詩。A thinker...：前文の内容を具体例を出して根拠づけていく部分。Some mental...：前文のratiocinate や imagine が mental processes で、それらに「大胆」「邪悪」だという評価がつくということは、意志作用説によれば、それらが意志作用によって引き起こされていることを示すという理屈です。Clearly...：もし意志作用自身が「非自発的」だとすると、その意志作用によって生じた行為を「自発的」と呼ぶことはできなくなってしまうように思われ、かといって、意志作用自身を「自発的」だとすると、その意志作用を生じさせる意志作用が要請され、さらにその意志作用も自発的でなければならず、無限に意志作用が要請されるという不合理なことになり、どちらに考えてもうまくいかないということです。ある行為を行うときに無限に意志していると考えることはできないでしょう。cannnot help 〜ing：〜せずにはいられない。*ad infinitum*：無限に、いつまでも（ラテン語）。If so...：that 以下で示されている帰結を、a conclusion 以下で言い換えています。sheet anchor：「予備主錨」という本来の意味から派生して「最後の頼みの綱」。

【訳】第四に、意志作用の主要な機能、言い換えると、意志作用が行うと想定されている仕事は、身体的運動を引き起こすことである。だが、それが存在することを示す論証は、その性質上、いくつかの心的できごとも意志作用によって引き起こされていなければならないことに帰結する。意志作用は行為を自発的なもの、大胆なもの、称賛に値するようなもの、そして邪悪なものにすると想定されている。しかし、このような類の述語は、この理論によれば、身体的運動だけでなく、心的でありかつ物理的ではない作業にもつけられる。思索家は、大胆に推論したり、邪悪に想像するかもしれない。あるいは、彼は五行戯詩を作ろうと試みたり、代数問題に感心するほど集中するかもしれない。すると、いくつかの心的プロセスは、その理論によれば、意志作用から生じていることになる。それでは、意志

作用自体はどうなのだろうか。それらは自発的なあるいは非自発的な心の作用なのだろうか。明らかに、どちらの答えも不合理へと導かれる。もし私が引き金を引くことを意志せざるをえないなら、私が引き金を引くというその行為を「自発的」と記述することは馬鹿げている。しかし、もし引き金を引くという私の意志作用が、その理論によって想定されている意味において自発的なものであるならば、その意志作用はその前の意志作用によって生じていなければならないし、その先行する意志作用もまた別の先行する意志作用によって、といったように無限につづくことになる。この困難を避けるために、意志作用は自発的とも非自発的とも説明できないと言われてきた。「意志作用」はどちらの述語をつけるのも適切ではないタイプの言葉なのだということである。もしそうであるならば、「徳のある」とか「邪悪な」や、「よい」とか「悪い」といった述語をつけるのも適切ではないということが帰結するように思われるが、この結論は自身のシステムの最後の頼みの綱として意志作用を用いている道徳家たちを当惑させるだろう。

§ 6

[14] In short, then, the doctrine of volitions is a causal hypothesis, adopted because it was wrongly supposed that the question, 'What makes a bodily movement voluntary?' was a causal question. This supposition is, in fact, only a special twist of the general supposition that the question, 'How are mental-conduct concepts applicable to human behaviour?' is a question about the causation of that behaviour.

In short：ここまでの反論のまとめです。「因果的な問いだと誤って想定した」というのは「カテゴリー・ミステイク」を犯したということです。この後の「前途瞥見」を参照してください。twist：ねじれ。

【訳】つまり、意志作用の教義は、「何が身体的運動を自発的なものにするのか」という問いを因果的な問いだと誤って想定したことで採用された、因果的な仮説なのである。この想定は、じつは、「心の行為の概念をどのようにして人のふるまいに適用できるのか」という問いを、そのふるまいの因果関係についての問いだと一般化してできた特殊なねじれにすぎない。

[15] Champions of the doctrine should have noticed the simple fact that they and all other sensible persons knew how to decide questions about the voluntariness and involuntariness of actions and about the resoluteness and irresoluteness of agents before they had ever heard of the hypothesis of the occult inner thrusts of actions. They might then have realized that they were not elucidating the criteria already in efficient use, but, tacitly assuming their validity, were trying to correlate them with hypothetical occurrences of a para-mechanical pattern. Yet this correlation could, on the one

> hand, never be scientifically established, since the thrusts postulated were screened from scientific observation; and, on the other hand, it would be of no practical or theoretical use, since it would not assist our appraisals of actions, depending as it would on the presupposed validity of those appraisals. Nor would it elucidate the logic of those appraisals-concepts, the intelligent employment of which antedated the invention of this causal hypothesis.

They might ... : that 以下は they were not ... , but, ... , (they) were trying ~ という not ... but ~ の形です。tacitly ~ validity は挿入された分詞構文です。後ろの２つの their と them はどちらも the criteria を指しています。criteria : criterion の複数形です。elucidate : 解明する、はっきりさせる。hypothetical occurrences of a para-mechanical pattern : これは行為を引き起こすものとして想定されている「意志作用」の生起のことです。on the one hand ... on the other hand ~ : 一方では…他方では~。depending ... : ここは分詞構文で「…に依存して」。the intelligent employment of which : which の先行詞は those appraisal-concepts。関係代名詞の非制限用法になっていますが、理由として訳すといいでしょう。antedate : …に先行する、より先に起こっている。

【訳】その教義の擁護者たちは、行為のオカルト的な内的推力についての仮説を耳にする前に、彼らおよびすべての分別のある人々が、行為が自発的であるか非自発的であるか、そして行為者が決然としているか優柔不断かという問いへの答え方を知っていたという単純な事実に気がつくべきだった。そうすれば、彼らは自分たちがすでに有効に使われている基準を解明しているのではなく、暗にその有効性を前提にしながら、その基準を仮説上の擬似機械的なパターンの生起と関連づけようとしていたことを理解することになっただろう。しかし、この関連づけは、一方では、決して科学的に立証することはできなかった。なぜなら想定されている推力が科学的な観察からさえぎられていたからである。そして、他方では、その関連づけは実質的にまた理論的にまったく役立たないものである。なぜならそれは私たちの行為評価の実践を助けることはなく、その評価の有効性を前

提してそれに依存しているようなものだからである。また、それは評価の概念の論理を解明することもない。なぜならそれらの概念の使用はこの因果的な仮説のでっちあげに先行しているからである。

＜前途瞥見＞
　自発的行為が意志作用によって生じていると考えることは不合理であり、自発的行為と非自発的行為のちがいは意志作用によって引き起こされているかどうかのちがいではない、とライルは主張しています。とはいえ、第2パラグラフで述べられていたように、自発的行為と非自発的行為のちがいなどないと主張するわけではありません。われわれは自発的になされた行為については責任を問う一方で、非自発的な行為にはそのようなことはしません。もちろんそのような実践を否定するのではなく、ただ、そのようなちがいが意志作用の有無によるものではないと言うわけです。それでは、意志作用の有無がそのようなちがいをもたらしていないのだとすると、それはどのようなちがいなのでしょうか。『心の概念』のこの先の議論を、簡単にですが、紹介しておきたいと思います[4]。
　ライルはまず、「自発的（意志的・意志による）」・「非自発的（非意志的・意志によらない）」という言葉は、哲学の議論においては称賛に値する行為についても批難されるべき行為についても言われるが、日常生活においては批難に値する行為にのみ使われるのが普通だと指摘します。その上で、具体的にどのように使われているかを検討していきます。たとえば、ある少年が靴ひもを本結びすべきところを縦結びしてしまったとします。このとき、縦結びしてしまったことは彼の誤りである、すなわち批難されるべきだとわれわれは言います。というのも、靴ひもを結ぶという行為は、くしゃみのような避けようのない、非自発的行為なのではなく、気をつけていれば避けることができる自発的・意志的行為と考えられるからです（母親であれば、「ちゃんと結びなさい！」と怒るところかもしれません。もし、靴ひもを結ぶという

---

[4] 以下の説明は、表現などについては、『心の概念』のライルの記述とまったく同じというわけではありません。

行為がくしゃみのような非自発的・非意志的なものであるならば、つまり彼にとってどうすることもできない行為であるならば、叱ったりしないでしょう（くしゃみの仕方（手を添えないなど）を叱ることはあるかもしれませんが））。では、どうしてわれわれは少年の行為を自発的なものだと思うのでしょうか。それは、彼には本結びをする能力があることと、誰かに結ぶ行為を強制されたり、指が麻痺したりしていないと知っているからです。このように、ある人の行為が自発的か否かの判断には、意志作用という観察不可能な心の作用の有無はまったく関係がありません。「自発的」か「非自発的」かどうかは観察可能な事柄に基づいており、「ある人が自発的に（意志によって）行為する」とは、その人にある種の能力があり、強制や妨害がないといった条件が満たされたときに限られます。心的作用という観察不可能なものによってある行為が引き起こされるわけではないのです。にもかかわらず、哲学者たちは「ある人が自発的に（意志によって）行為する」という表現を因果的な表現ととらえることで、身体的運動を引き起こす隠れた心的作用なるものがあるという前提から「いかにして心と物が相互作用するのか」といった解決困難な問題を考えるのです。このような問題は、言葉のまちがった使用法から生じていたにすぎないのです。

　以上のように、ある言葉（概念）が日常的にどのように使われているかを分析していくことで、ライルはこの問題を解消していきます。『心の概念』は、心にまつわるさまざまな概念を、以上の手法によって分析し、哲学的問題を解決していく試みです。特別に難解な用語が出てくることもありませんし、予備知識も必要ありません。そのようなものがなくても哲学の難問に取り組むことができるということを実践している点が、ライルの哲学のすばらしさの1つでしょう。洞察に富むすばらしい本ですので、ぜひ読んでいただけたらと思います。

読書案内

　ライルの議論に興味をもち、さらに考えてみたいと思われた方に、いくつかの本を紹介したいと思います。
　心身問題について知りたいという方には以下をおすすめします。

① S．プリースト『心と身体の哲学』（勁草書房）
② 神崎繁『魂（アニマ）への態度』（岩波書店）
③ デカルト『方法序説』・『省察』

　①と②はどちらも西洋哲学における心身問題を扱ったものです。①は標準的な概説書で、通して読むと心身問題に関する基本的な考え方・立場を知ることができます（第2章でライルが扱われています）。わかりやすく明晰に書かれていますので、問題を理解し、自ら考えていく上で参考になると思います。②は西洋哲学における心（魂）についての考え方の変遷を、誤訳・誤読の歴史としてとらえ、明らかにするというたいへん興味深い内容です。box2で触れた「アキレウスには意志も意識もない？」はこの本の第2章（第2日）のタイトルです。ちなみに、第1章（第1日）のタイトルは「機械の中の幽霊」です。③はデカルト自身の著作ですが、哲学の古典にはめずらしく、特別な知識がなくても理解することができます。デカルト的な心身二元論自体は、今日において評判がよくないですが、デカルトの思索・洞察には目を見張るものがあります（プリーストも、心身二元論自体は否定するものの、デカルトから多くのことを学ぶことができると述べています）。

　以下の本もおすすめできます。
④ 青山拓夫『分析哲学講義』（ちくま新書）
⑤ 野矢茂樹『哲学・航海日誌』（中公文庫）
⑥ ウィトゲンシュタイン『哲学探究』

　言葉・概念の使用法を明らかにし、哲学の問題を解消するというライルの哲学の手法は「概念分析」と呼ばれます。「概念分析」は「分析哲学」と呼ばれる一分野における方法論の1つだと言われます。④は「分析哲学」についてのすぐれた入門書です。通して読めば、分析哲学とはどのようなものなのか、どんな問題を考えているのか、といったことについて基本的なことを知ることができるでしょう。⑤は「概念分析」をその手法の中心としつつ、「心」「身体」「他者」「言葉」といった事柄にかかわる哲学的問題に取り組んでいます。

ライルの著作と同様に「分析哲学」のすぐれた実践の一例です。難解な用語も出てきませんし、予備知識も必要ありません。哲学することの楽しさを味わえると思います。⑥はライルに大きな影響を与えたウィトゲンシュタインの後期の主著です。決して理解しやすい本ではないですが、豊かな哲学的洞察に満ちています。永井均『ウィトゲンシュタイン入門』（ちくま新書）などが理解の助けになるかもしれません。

（1）S. プリースト『心と身体の哲学』（河野哲也・木原弘行・室田憲司・安藤道夫・真船えり訳）勁草書房
（2）神崎繁『魂（アニマ）への態度』岩波書店
（3）デカルト『方法序説』（谷川多佳子訳）岩波文庫
（4）デカルト『省察』（山田弘明訳）ちくま学芸文庫
（5）青山拓夫『分析哲学講義』ちくま新書
（6）野矢茂樹『哲学・航海日誌』中公文庫
（7）ウィトゲンシュタイン『哲学探究（ウィトゲンシュタイン全集8）』（藤本隆志訳）大修館書店
（8）永井均『ウィトゲンシュタイン入門』ちくま新書

<解説英文全文>

It has for a long time been taken for an indisputable axiom that the Mind is in some important sense tripartite, that is, that there are just three ultimate classes of mental processes. The Mind or Soul, we are often told, has three parts, namely, Thought, Feeling and Will; or, more solemnly, the Mind or Soul functions in three irreducibly different modes, the Cognitive mode, the Emotional mode, and the Conative mode. This traditional dogma is not only self-evident, it is such a welter of confusions and false inferences that it is best to give up any attempt to re-fashion it. It should be treated as one of the curios of theory.

The main object of this chapter is not, however, to discuss the whole trinitarian theory of mind but to discuss, and discuss destructively, one of its ingredients. I hope to refute the doctrine that there exists a Faculty, immaterial Organ, or Ministry, corresponding to the theory's description of the 'Will' and, accordingly, that there occur processes, or operations, corresponding to what it describe as 'volitions'. I must however make it clear from the start that this refutation will not invalidate the distinctions which we all quite properly draw between voluntary and involuntary actions and between strong-willed and weak-willed persons. It will, on the contrary, make clearer what is meant by 'voluntary' and 'involuntary', by 'strong-willed' and 'weak-willed', by emancipating these ideas from bondage to an absurd hypothesis.

Volitions have been postulated as special acts, or operations, 'in the mind', by means of which a mind gets its ideas translated into facts. I think of some state of affairs which I wish to come into existence in the physical world, but, as my thinking and wishing are unexecutive, they require the mediation of further executive mental processes. So I perform a volition which somehow puts my muscles into action. Only when a bodily movement has issued from such a volition can I merit praise or blame for what my hand or tongue has done.

It will be clear why I reject this story. It is just an inevitable extension of the myth of the ghost in the machine. It assumes that there are mental states and processes enjoying one sort of existence and bodily states and processes enjoying another. An occurrence on the one stage is never numerically identical with an occurrence on the other. So, to say that a person pulled the trigger intentionally is to express at least a conjunctive proposition, asserting the occurrence of one act on the physical stage and another on the mental stage; and, according to most versions of the myth, it is to express a causal proposition, asserting that the bodily act of pulling the trigger was the effect of a mental act of willing to pull the trigger.

According to the theory, the workings of the body are motions of matter in space. The causes of these motions must then be either other motions of matter in space or, in the privileged case of human beings, thrusts of another kind. In some ways which must forever remain a mystery, mental thrusts, which are not movements of matter in space, can cause muscles to contract. To describe a man as intentionally pulling the trigger is to state that such a mental thrust did cause the contraction of the muscles of his finger. So the language of 'volitions' is the language of the para-mechanical theory of the mind. If a theorist speaks without qualms of 'volitions', or 'acts of will', no further evidence is needed to show that he swallows whole the dogma that a mind is a secondary field of special causes. It can be predicted that he will correspondingly speak of bodily actions as 'expressions' of mental processes. He is likely also speak glibly of 'experiences', a plural noun commonly used to denote the postulated non-physical episodes which constitute the shadow-drama on the ghostly boards of mental stage.

The first objection to the doctrine that overt actions, to which we ascribe intelligence-predicates, are results of counterpart hidden operations of willing is this. Despite the fact that theorists have, since the Stoics and Saint Augustine, recommended us to describe our conduct in this way, no one, save to endorse the theory, ever describes his own conduct, or that of his acquaintances, in the recommended idioms. No one ever says such things as that at 10 a.m. he was occupied in willing this or that, or that he performed five quick and easy volitions and two slow and difficult volitions between midday and lunch-time. An accused person may admit or deny that he did something, or that he did it on purpose, but he never admits or denies having willed. Nor do the judge and jury require to be satisfied by evidence, which in the nature of the case could never be adduced, that a volition preceded the pulling of the trigger. Novelists describe the actions, remarks, gestures, the daydreams, deliberations, qualms, and embarrassments of their characters; but they never mention their volitions. They would not know what to say about them.

By what sorts of predicates should they be described? Can they be sudden or gradual, strong or weak, difficult or easy, enjoyable or disagreeable? Can they be accelerated, decelerated, interrupted, or suspended? Can people be efficient or inefficient at them? Can we take lessons in executing them? Are they fatiguing or distracting? Can I do two or seven of them synchronously? Can I remember executing them? Can I executing them, while thinking of other things or while dreaming? Can they become habitual? Can I forget how to do them? Can I mistakenly believe that I have executed one, when I have not, or that I have not executed one, when I have? At which moment was the boy going through a volition to take the high dive? When he set foot on the ladder? When he took his first deep breath? When he counted off 'One, two, three – Go', but did not go? Very, very shortly before he sprang? What would his own answer be to those questions?

Champions of the doctrine maintain, of course, that the enactment of volitions is asserted by implication, whenever an overt act is described as intentional, voluntary, culpable, or meritorious; they assert too that any person is not merely able but bound to know that he is willing when he is doing so, since volitions are defined as a species of conscious process. So if ordinary men and women fail to mention their volitions in their descriptions of their own behaviour, this must due to their being untrained in the dictions appropriate to the description of their inner, as distinct from their overt, behaviour. However, when a champion of the doctrine is himself asked how long ago he executed his last volition, or how many acts of will he executes in , say, reciting 'Little Miss Muffet' backwards, he is apt to confess to finding difficulties in giving the answer, though these difficulties should not, according to his own theory, exist.

If ordinary men never report the occurrence of these acts, for all that, according to the theory, they should be encountered vastly more frequently than headaches, or feelings of boredom; if ordinary vocabulary has no non-academic names for them; if we do not know how to settle simple questions about their frequency, duration or strength, then it is fair to conclude that their existence is not asserted on empirical grounds. The fact that Plato and Aristotle never mentioned them in their frequent and elaborate discussions of the nature of the soul and the springs of conduct is due not to any perverse neglect by them of notorious ingredients of daily life but to the historical circumstance that they were not acquainted with a special hypothesis the acceptance of which rests not on the discovery, but on the postulation, of these ghostly thrusts.

The second objection is this. It is admitted that one person can never witness the volitions of another; he can only infer from an observed overt action to the volition from which it resulted, and then only if he has any good reason to believe that the overt action was a voluntary action, and not a reflex or habitual action, or one resulting from some external cause. It follows that no judge, schoolmaster, or parent ever knows that the actions which he judges merit praise or blame; for he cannot do better than guess that the action was willed. Even a confession by the agent, if such confessions were ever made, that he had executed a volition before his hand did the deed would not settle the question. The pronouncement of the confession is only another overt muscular action. The curious conclusion results that though volitions were called in to explain our appraisals of actions, this explanation is just what they fail to provide. If we had no other antecedent grounds for applying appraisal-concepts to the actions of others, we should have no reasons at all for inferring from those actions to the volitions alleged to give rise to them.

Nor could it be maintained that the agent himself can know that any overt action of his own is the effect of a given volition. Supposing, what is not the case, that he could know for certain, either from the alleged direct deliverances of consciousness, or from the alleged direct findings of introspection, that he had executed an act of will to pull the trigger just before he had pulled it, this would not prove that the pulling was the effect of that willing. The connexion between volitions and movements is allowed to be mysterious, so, for all he knows, his volition may have had some other movement as its effect and the pulling of the trigger may have had some other event for its cause.

Thirdly, it would be improper to burke the point that the connexion between volition and movement is admitted to be a mystery. It is a mystery not of the unsolved but soluble type, like the problem of the cause of cancer, but of quite another type. The episodes supposed to constitute the careers of minds are assumed to have one sort of experience, while those constituting the careers of bodies have another sort; and no bridge-status is allowed. Transactions between minds and bodies involve links where no links can be. That there should be any causal transactions between minds and matter conflicts with one part, that there should be none conflicts with another part of the theory. Minds, as the whole legend describes them, are what must exist if there is to be a causal explanation of the intelligent behaviour of human bodies; and minds, as the legend describes them, live on a floor of existence defined as being outside the causal system to which bodies belong.

Fourthly, although the prime function of volitions, the task for the performance of which they were postulated, is to originate bodily movements, the argument, such as it is, for their existence entails that some mental happenings also must result from acts of will. Volitions were postulated to be that which makes actions voluntary, resolute, meritorious, and wicked. But predicates of these sorts are ascribed not only to bodily movements but also to operations which, according to the theory, are mental and not physical operations. A thinker may ratiocinate resolutely, or imagine wickedly; he may try to compose a limerick and he may meritoriously concentrate on his algebra. Some mental processes then can, according to the theory, issue from volitions. So what of volitions themselves? Are they voluntary or involuntary acts of mind? Clearly either answer leads to absurdities. If I cannot help willing to pull the trigger, it would be absurd to describe my pulling it as 'voluntary'. But if my volition to pull the trigger is voluntary, in the sense assumed by the theory, then it must issue from a prior volition and that from another *ad infinitum*. It has been suggested, to avoid this difficulty, that volitions cannot be described as either voluntary or involuntary. 'Volition' is a term of the wrong type to accept either predicate. If so, it would seem to follow that it is also of the wrong type to accept such predicates as 'virtuous' and 'wicked', 'good' and 'bad', a conclusion which might embarrass those moralists who use volitions as the sheet-anchor of their systems.

In short, then, the doctrine of volitions is a causal hypothesis, adopted because it was wrongly supposed that the question, 'What makes a bodily movement voluntary?' was a causal question. This supposition is, in fact, only a special twist of the general supposition that the question, 'How are mental-conduct concepts applicable to human behaviour?' is a question about the causation of that behaviour.

Champions of the doctrine should have noticed that the simple fact that they and all other sensible persons knew how to decide questions about the voluntariness and involuntariness of actions and about the resoluteness and irresoluteness of agents before they had ever heard of the hypothesis of the occult inner thrusts of actions. They might then have realized that they were not elucidating the criteria already in efficient use, but, tacitly assuming their validity, were trying to correlate them with hypothetical occurrences of a para-mechanical pattern. Yet this correlation could, on the one hand, never be scientifically established, since the thrusts postulated were screened from scientific observation; and, on the other hand, it would be of no practical or theoretical use, since it would not assist our appraisals of actions, depending as it would on the presupposed validity of those appraisals. Nor would it elucidate the logic of those appraisals-concepts, the intelligent employment of which antedated the invention of this causal hypothesis.

第3講

アラスデア・マッキンタイア「美徳とは何か」

小山　悠

英語の難易度　☆☆
内容の難易度　☆☆☆☆

第3講

はじめに

　本講で読むのは、アラスデア・マッキンタイア『美徳なき時代』の第17章「美徳の本性」の一部で、美徳とは何かを論じる箇所である。

　著者のマッキンタイアは1929年スコットランド生まれ。ノートルダム大学名誉教授。著書は『美徳なき時代』（篠崎榮訳、みすず書房）の他、『西洋倫理思想史』（菅豊彦他訳、九州大学出版会）が邦訳されている。

　「美徳」の概念は、西洋古代・中世において道徳哲学の中心的概念であったにもかかわらず、近代においては冷遇されてきた。『美徳なき時代』（原著初版1981年）は、アンスコム「近代の道徳哲学」（1958年）、マクダウェル「徳と理性」（1979年）、ウィリアムズ『生き方について哲学は何が言えるか』（1985年）等とともに、「美徳」の概念を英語圏の道徳哲学の中心に復活させる役割を果たした。こうした事情から、マッキンタイアは「美徳倫理（Virtue Ethics）」と呼ばれる立場の旗手の一人として位置づけられることが多い。また、政治哲学の文脈では、マイケル・サンデルやマイケル・ウォルツァーと並んで「コミュニタリアニズム（共同体主義）」を代表する論者の一人とされる。

　しかし、『美徳なき時代』は、「美徳倫理」や「コミュニタリアニズム」というような標語では単純に割り切れない大きな構想をもっている。英文を読み始める前に、『美徳なき時代』とは全体としてどのような書物なのか、この書物全体の中で「美徳とは何か」という議論はどのような位置にあるのかといったことを簡単に紹介しておきたい。

　『美徳なき時代』は、一種のSFから始まる。一般大衆が環境問題の責任をすべて科学者たちに押しつけて、世界中の科学者は全員投獄され処刑される。研究所や大学はすべて破壊され、学校教育からも科学は抹消される。人々は科学について無関心になり、かつて科学というものがあったことも忘れてしまう。結果として文明は崩壊し、人々の生活の水準は低下し後退する……しかし、数百年が経ち、かつて存在した「科学」を復興させようという運動が生まれる。人々はわずかに残った「科学」の知識を大切にするようになる。

とはいえ、残っているのはすべて断片にすぎない。「相対性理論」や「進化論」についてのおしゃべりが流行するが、各々の理論について知られているのはわずかである。さまざまな「科学実験」が学校教育の中に復活するが、実験手続の知識は、実験に意味を与える理論的文脈から完全に切り離されていて、誰もそれを怪しまない。子どもたちは、さまざまな「自然法則」を暗唱させられるが、ただの丸暗記にすぎない。

　人々は「科学」の復興に懸命になるのだが、かつて存在した「科学」の浅薄な真似事にしかなっていないのである。各分野の理論を体系的に関連づける知識、理論と実験を結びつける知識、実験・観察を支える信念や態度、などが失われているからである。人々は、かつて存在した本物の「科学」に憧れ、「科学」を真似た活動に熱中するが、一種の「ごっこ遊び」にしかならない。こういう「科学ごっこ」の中でも、「質量」「加速度」「原子量」といった言葉をそれなりに首尾一貫させて、もっともらしく使うことができるだろう。「質量」や「加速度」の測定方法について激しい論争が生じるかもしれない。しかし、いかなる論争も「ごっこ遊び」の中では決着がつくはずがない。したがって、本物の科学を知る我々から見れば、「ごっこ遊び」の中で論争に熱中する人々はどこか奇妙に見えるが、当人たちは真剣なのである。

　さて、今日我々がおこなっている価値をめぐる論争も、このような「ごっこ遊び」の中の決着がつかない論争になっているのではないか、というのが『美徳なき時代』の問題提起である。「セクシュアル・ハラスメント」「モラル・ハラスメント」「フェアトレード」といった概念が広まることによって、我々は道徳的に進歩したのだろうか。「ロハス」な生活スタイルは、良い生き方なのだろうか。企業は何に対してどれぐらい社会的責任があるのか。男女が果たす社会的役割は同一であるべきか。不倫は悪いことか。愛国心は良いものか。……こうした問題をめぐって我々は（時にはかなり真剣に）論争する。しかし、実際には、「道徳ごっこ」の中で、元来決着のつくはずのない論争をくりかえしているだけではないだろうか。

　我々は、自分たちが使っている言葉に欺かれているのかもしれない。たしかに我々は、「セクハラ」「社会的責任」「不倫」「愛国心」のような言葉を、それなりに首尾一貫させて、もっともらしく使っている。しかし、こういう

言葉は、ほんとうは答がない問題にあたかも答があるかのような見せかけを作っているだけではないか。「質量」という言葉を使ってどのような問題を立てたとしても、「科学ごっこ」の中では、はじめから答など存在するはずもない。それと同じように、「社会的責任」という言葉を使って何かを論じようとしても、「道徳ごっこ」の中では、はじめから答など存在しないのではないか。

　ここで、疑い深い人は科学と道徳では事情が違うと考えるかもしれない。科学の場合には「本物の科学」と「科学ごっこ」の区別は本質的だが、道徳の場合には「道徳ごっこ」と区別されるべき「本物の道徳」など存在しない。「道徳」とは、ほんとうは答のない問題に答があるかのように見せかける装置の名前である。この装置とは別に、どこかに「本物の道徳」が存在するわけではない。いわばはじめからすべては「道徳ごっこ」なのだ……このように言われるかもしれない。

　しかし、マッキンタイアは、こういうニヒリズムをとらない。たしかに、道徳的問題を語る我々の言語は、甚だしい混乱に陥っており、見せかけの問題を作りだすのに役立っているにすぎない。しかし、これは、かつて存在した「本物の道徳」の伝統が近代になって衰退した結果である、というのがマッキンタイアの提出するテーゼである。『美徳なき時代』の前半（第1章から第9章まで）は、このテーゼの擁護に当てられている。

　このテーゼが正しいとすれば、我々が現在道徳的問題を語る際に使う観念は、本来の文脈から切り離されて断片的に使用されたものにすぎない。したがって、我々の道徳的言語は、ほんとうに道徳的に重要な問題を語ることが（不可能ではないにしても）きわめて困難であるように作られているのである。しかし、我々が断片的にしか所有していない道徳的観念は、かつては共同体的な実践の中で、本来の意味をもっていた。今、我々がなすべきことは、我々が使っている道徳的観念に本来的な意味を与える共同体を、ミクロかつローカルな水準で復興あるいは創設することである。

　我々は、その中で「美徳」が発揮されるような共同体を復興・創設せねばならない。現代では見捨てられた「美徳」の観念こそが、本物の道徳を取り戻すカギとなる。なぜなら、美徳が与えてくれる価値に準拠しなければ、あらゆる道徳的観念に本来の意味を与えることはできないからである。では、

美徳が与えてくれる価値とは何か。それは、我々が今日「価値」とみなしているものとどう違うのか。それを明らかにするのが、以下に抜粋した、「美徳とは何か」を論じるマッキンタイアの議論なのである。

この議論の見取り図を描いておくと、次のようになる。

アウトライン

§1　¶1〜¶3　実践という舞台
§2　¶4〜¶5　内的価値とは何か
§3　¶6〜¶8　例：肖像画を描くという実践
§4　¶9　　　卓越の基準がもつ権威
§5　¶10　　内的価値と外的価値の特徴
§6　¶11〜¶12　「美徳」の定義とその応用

---

§1では、「美徳は実践において発揮されるものである」という考えが述べられる。一見すると当たり前でつまらない考えのようにも思えるが、実はきわめて含蓄の深い考えである。マッキンタイアは、この考えがホメロスやアリストテレスの考えであったことを示してから（¶1）、「実践」の概念に精緻な定義を与える（¶3）。

§2では、「実践」を定義する際に使った「内的価値」という概念を説明する。これは、マッキンタイアの美徳論を理解する上で要となる概念である。特に¶4で論じられている「子どもにチェスを教える」という事例はわかりやすく内容も豊かなので、丁寧に読んでおきたい。

§3では、実践の具体例として、「肖像画を描く」という実践が歴史的に分析される。¶8では、「画家として生きることの価値」という重要な概念が出てくるので、見逃さないようにしよう。

§4では実践の価値基準が実践者に対して権威をもつこと、§5では内的価値の達成は共同体全体への寄与になることが指摘される。これらの指摘を踏まえて、§6では、「美徳」とは「内的価値を達成するのに必要な資質」であ

ると定義される（¶11）。そして、どんな実践においても、公平・勇敢・正直という美徳が共通に必要とされることが論じられる（¶12）。

それでは、読んでいくことにしよう。

アラスデア・マッキンタイア 「美徳とは何か」

§ 1

[1] In the Homeric account of the virtues — and in heroic societies more generally— the exercise of a virtue exhibits qualities which are required for sustaining a social role and for exhibiting excellence in some wellmarked area of social practice: to excel is to excel at war or in the games, as Achilles does, in sustaining a household, as Penelope does, in giving counsel in the assembly, as Nestor does, in the telling of a tale, as Homer himself does. When Aristotle speaks of excellence in human activity, he sometimes though not always, refers to some well-defined type of human practice: flute-playing, or war, or geometry. I am going to suggest that this notion of a particular type of practice as providing the arena in which the virtues are exhibited and in terms of which they are to receive their primary, if incomplete, definition is crucial to the whole enterprise of identifying a core concept of the virtues. I hasten to add two *caveats* however.

the Homeric account of the virtues：古代ギリシアの吟遊詩人ホメロス (Homer) の叙事詩『イリアス』『オデュッセイア』に見られる「美徳」に対する捉え方を指す。Achilles と Nestor は『イリアス』の、Penelope は『オデュッセイア』の登場人物。heroic societis：アイスランド・サガや中世の叙事詩『ニーベルンゲンの歌』『ローランの歌』に描かれる社会を指す。

I am going to suggest that this notion ... ：この文は次のように区切ると読みやすい。

I am going to suggest that | this notion of a particular type of practice as providing the arena | in which(1) the virtues are exhibited | and in terms of which(2) they are to receive their primary, if incomplete, definition | is crucial to the whole enterprise of identifying a core concept of the virtues.

091

第3講

　この文を骨組みだけにすると、I am going to suggest that this notion is crucial になる。which(1) と which(2) は共に the arena を指している。this notion of a particular type of practice as providing the arena：「舞台を提供するものとしての『特定の型の実践』」という、この観念。

【訳】　美徳についてのホメロス的な説明では——また一般的に英雄社会においては——美徳を発揮するとは、社会的役割を維持するために、明確に領域の区切られた社会的実践で卓越を示すために要求される資質を示すことである。卓越するとは、アキレスのように戦争や競技において卓越することであり、ペネロペのように家政の維持のおいて卓越することであり、ネストルのように会議での助言において卓越することであり、ホメロス自身のように物語を語るのに卓越することである。アリストテレスは、人間の活動における卓越を語るとき、常にではないが折に触れ、明確に定義できる実践の型に言及した。笛吹き、戦争、幾何学などである。特定の型の実践が美徳を示す舞台を提供し、この舞台において美徳は（不完全にせよ）第一義を与えられる。こういう考えこそ、美徳の概念の核心を特定する試み全体にとって決定的なのだ、と私は言うつもりである。しかしながら、とりいそぎ２つほど但し書きを付けておこう。

　美徳という概念の故郷は、「特定の実践において優れている（卓越する）」という観念にある。力が強い、容姿が美しい、向上心がある、頭が良い、勇敢、寛大、優しい、粘り強い、正直、慎重、機敏……すべて人間の「長所」と呼べるものかもしれないが、たんなる長所は必ずしも美徳ではない。美徳とは、実践を巧みにおこなうために必要な資質である。したがって、実践における行為に関連づけられないかぎり、いかなる資質も美徳とはならない。たんに「ホメロスは頭が良い」という事実があるだけでは、ホメロスの頭の良さは「美徳」とは呼べない。「ホメロスは頭が良いから、物語を巧みに語ることができる」という事実があってはじめて、ホメロスの頭の良さは「美徳」になる。美徳は実践という舞台なしには意味をもたない。これだけ確認して次に進もう。

アラスデア・マッキンタイア 「美徳とは何か」

[2] The first is to point out that my argument will not in any way imply that virtues are *only* exercised in the course of what I am calling practices. The second is to warn that I shall be using the word 'practice' in a specially defined way which does not completely agree with current ordinary usage, including my own previous use of that word.

【訳】 1つめの但し書きとして、私が実践と呼ぶものの過程でだけ美徳は発揮される、ということを多少なりとも以下の議論は含意するわけではないことを指摘しておく。2つめの但し書きとして、これから私は「実践」という語を特別に定義して使うので、この語は(これまでの私の用法を含めて)現在の通常の用法とは完全には合致しない用法で使われることを警告しておく。

[3] By a 'practice' I am going to mean any coherent and complex form of socially established cooperative human activity through which goods internal to that form of activity are realized in the course of trying to achieve those standards of excellence which are appropriate to, and partially definitive of, that form of activity, with the result that human powers to achieve excellence, and human conceptions of the ends and goods involved, are systematically extended. Tic-tac-toe is not an example of a practice in this sense, nor is throwing a football with skill; but the game of football is, and so is chess. Bricklaying is not a practice; architecture is. Planting turnips is not a practice; farming is. So are the enquiries of physics, chemistry and biology, and so is the work of the historian, and so are painting and music. In the ancient and medieval worlds the creation and sustaining of human communities— of households, cities, nations — is generally taken to be a practice in the sense in which I have defined it. Thus the range of practices is wide: arts,

sciences, games, politics in the Aristotelian sense, the making and sustaining of family life, all fall under the concept. But the question of the precise range of practices is not at this stage of the first importance. Instead let me explain some of the key terms involved in my definition, beginning with the notion of goods internal to a practice.

good:「善」とか「良さ」と訳されることが多いが、以下の訳では「価値」と訳した。tic-tac-toe：三目並べ。politics in the Aristotelian senses: 利害調整ではなく共通の価値（common good）の実現を目指す活動としての政治。
By a 'practice' I am going to......：この文は長くて意味を正確に理解するのは難しい。次のように区切ると理解しやすくなる。

By a 'practice' I am going to mean ｜ (i) any coherent and complex form of socially established cooperative human activity ｜ (ii) through which goods internal to that form of activity are realized ｜ (iii) in the course of trying to achieve those standards of excellence which are appropriate to, and partially definitive of, that form of activity, ｜ (iv) with the result that human powers to achieve excellence, and human conceptions of the ends and goods involved, are systematically extended.

【訳】私が言わんとする「実践」とは——（ⅰ）人間が協同して行う、社会的に確立された、複雑かつ一貫した形式をもつ活動であり、（ⅱ）この活動を通じて、この活動に内的な価値が実現され、（ⅲ）（この内的価値が実現されるのは、）この活動に適合し、この活動を部分的に定義する「卓越の基準」を達成しようと努める過程においてであり、（ⅳ）結果として、卓越を達成する人間の能力、そして（活動に関わる）目的・価値に対する人間の捉え方が体系的に拡張される——こういうものである。三目並べも、巧みにフットボールを投げることも、この意味での「実践」の一例ではないが、フットボールという競技やチェスは実践の一例であ

る。レンガ積みは実践ではないが、建築は実践である。蕪を植えることは実践ではないが、農業は実践である。物理学、化学、生物学の探求は実践である。歴史家の仕事も、絵画や音楽もそうである。古代および中世世界においては、一般的に、人間の共同体――家・都市・国――を創設し維持することは、私が定義した意味での「実践」とみなされていた。このように、実践の範囲は広い。芸術、科学、競技、アリストテレス的な意味での政治、家庭生活を作り維持すること、すべてがこの（実践という）概念に含まれる。しかし、実践の正確な範囲は、今の段階では最重要事項ではない。（実践に含まれるものの範囲を確定する）代わりに、私の定義において鍵になる用語をいくつか説明しよう。まずは、「実践に内的な価値」という考え方から説明する。

　この段落で、いよいよ「実践」の概念が定義される。複雑な定義なので、ポイントを整理しておこう。
（1）実践は、複数の人間が協同でおこなうものである。
（2）実践には、その実践を通じてのみ達成される価値、すなわち「内的価値」がある。内的価値については、¶4以降で詳しく説明される。
（3）実践には、「何が優れていて何が劣っているのか」を決める固有の価値基準、すなわち「卓越の基準」がある。
（4）実践に参加することで、人間は実践に関わる能力の範囲を広げる。たとえば、走り高跳びという競技の歴史において、新しく「背面跳び」という跳び方が開発されることによって人間の跳躍能力は高まったと考えられる。また、実践の目的に対する理解、実践において実現される価値にする理解も広がっていく。たとえば、西洋絵画史でいえば、ある時期までは対象をそっくりに描くということだけが価値・目標として理解されていたが、次第に芸術家の内面を表現することも価値ある目標として理解されるようになった、というようなことである。
　「実践」という言葉に独自の定義を与えた後で、マッキンタイアは「実践」の例をいくつか挙げる。しかし、ここでの例の挙げ方には少し問題がある。「レンガ積みは実践ではないが、建築は実践である。蕪を植えることは実践ではないが、農業は実践である」とマッキンタイアは述べているが、この対比は少々

誤解を招く。実践（建築・農業）は、その実践の一部をなす活動（レンガ積み・蕪植え）と対比されてのみ理解されるべきではない。別種の例をいくつか挙げよう。「受験勉強」は実践ではないが、「学問」は実践である。「セレブとしてふるまう」は実践ではないが、「俳優・女優として演技する」のは実践である。「タレント活動」は実践ではないが、「歌手として歌う」のは実践である。「生計を立てる」のは実践ではないが、「ビジネス」は実践である。「散歩」は実践ではないが、「マラソン」は実践である。「介護」は実践ではないが、「看護」は実践である。このように、実践と実践でないものの区別は時に微妙であるが、しかしたしかに存在する。おおよその輪郭がつかめたならば、実践の正確な範囲を確定する必要はない。重要なのは、人間の様々な活動の中から「実践」というものを切り取ることで何が見えてくるかである。次の段落からはこれを見ていく。

アラスデア・マッキンタイア 「美徳とは何か」

§ 2

> [4] Consider the examples of a highly intelligent seven-year old child whom I wish to teach to play chess, although the child has no particular desire to learn the game. The child does however have a very strong desire for candy and little chance of obtaining it. I therefore tell the child that if the child will play chess with me once a week I will give the child 50 ¢ worth of candy; moreover I tell the child that I will always play in such a way that it will be difficult, but not impossible, for the child to win and that, if the child wins, the child will receive an extra 50 ¢ worth of candy. Thus motivated the child plays and plays to win. Notice however that, so long as it is the candy alone which provides the child with a good reason for playing chess, the child has no reason not to cheat and every reason to cheat, provided he or she can do so successfully. But, so we may hope, there will come a time when the child will find in those goods specific to chess, in the achievement of a certain highly particular kind of analytical skill, strategic imagination and competitive intensity, a new set of reasons, reasons now not just for winning on a particular occasion, but for trying to excel in whatever way the game of chess demands. Now if the child cheats, he or she will be defeating not me, but himself or herself.

moreover I tell the child....：この余分な挿入句を取り除くと次のようになる。

---

moreover I tell the child that(1) I will always play in such a way that it will be difficult for the child to win and that(2) the child will receive an extra 50 ¢ worth of candy.

---

that(1) と that(2) は tell の目的語。

第３講

But, so we may hope......

But, so we may hope, there will come a time when the child will find (1)[in those goods specific to chess] ,　(2)[in the achievement of a certain highly particular kind of analytical skill, strategic imagination and competitive intensity] ,　(3)[a new set of reasons, reasons now not just for winning on a particular occasion, but for trying to excel in whatever way the game of chess demands] .

（２）[in the achievement...] は（１）[in those...] の言い換え。（３）[a new set of...] が find の目的語。

【訳】例として、とても頭のよい７歳の子どもにチェスを教える場合を考えてみよう。この子どもは特にチェスを学びたくはない。しかし、キャンディをとても欲しがっていて、しかもこの子どもがキャンディを手に入れるみこみはほとんどない。そこで、私は「もし週に一度、私とチェスをしてくれたらキャンディ代の 50 セントをあげよう」と言い、さらに「私に勝つのは無理ではないけど難しいから、私に勝ったらもう 50 セント、キャンディ代を追加しよう」と言う。こうして動機づけられた子どもはチェスをやり、しかも勝つためにチェスをやる。ただし、キャンディだけがチェスをするのに十分な理由になっているかぎり、この子どもにズルをしない理由はなく、むしろズルがうまくいくかぎりズルをする理由しかない、ということに注意しよう。しかし、我々が期待するように、チェスに特有の価値、すなわち、あるきわめて特殊な種類の分析能力・戦略構想力・競争的集中力の達成に、新たな（チェスに勝たねばならない）理由を見出す時が来るだろう。それは、ただの、特定の機会において勝たねばならない理由ではない。チェスという競技が要求してくるあらゆる事柄において卓越しようと努めるべき理由である。こうなると、子どもがズルをするならば、子どもが打ち負かしているのは相手ではなく、自分自身である。

　ここで、マッキンタイアは、チェスという実践に特有の価値（チェスの「内

的価値」)を説明するために、「キャンディがほしい」という不純な動機からチェスをやる子どもの例を考察する。チェスをやる動機としてはこれが不純なのは、チェスは本来キャンディを手に入れることを目指してやるものではないからである。

　はじめは不純な動機からチェスを学び始めた子どもも、チェスをやり続けるうちに、チェス特有のおもしろさに目覚めて、チェスをやる動機が純粋になるようになるだろう（必ずこうなるという保証はないが）。すると、この子どもがチェスをやる段階には２つあることになる。キャンディがほしいからチェスをやる段階とチェスをやるのがおもしろいからチェスをやる段階、動機が不純な第一段階と純粋な第二段階である。実際にはこの２つの段階は連続的であって明確に区別できるわけではない。純粋な動機と不純な動機は混じり合っているのが普通だろう。しかし、議論のために、ただひたすらキャンディを手に入れんがためにチェスをやる段階と、たんにチェスがおもしろいからチェスをやる段階、この２つの段階がはっきりと分かれているとしよう。

　すると、第一段階では、子どもがチェスのルールを守るとしても、その理由は「ルールを守るとキャンディが手に入るから」ということでしかない。したがって、ルールを破ってズルをするとキャンディがもらえる場合には、むしろこの子どもにはルールを破る理由がある。それゆえ、この第一段階にとどまるかぎり、いかにルールをきちんと守り、チェスの腕前が上達したとしても、この子どもは卓越したチェスプレイヤーになるわけではない。この子どもは、「チェスにおいて卓越している」とは言われることはない。せいぜい、「キャンディーを手に入れるのに巧みである」と言えるだけである。

　しかし、第二段階になると話は違ってくる。いまや、ルールを守る理由は「そうするとキャンディが手に入るから」ではない。ルールを守らないかぎり、チェスをしていることにはならない。これがルールを守る理由となる。たんにチェスがやりたくてチェスをやっているのならば、チェスにならないことはしないというのは当然のことである。この第二段階では、「チェスのおもしろさを味わうこと」と「チェスという競技が要求してくる事柄において秀でようと努めること」は一体化している。つまり、チェスのおもしろさは、たとえば、チェ

スの戦略について分析し構想することに秀でようと努めることの中にのみ見出される。ここで、「どのような分析・構想が優れているのか」という基準は、チェスに固有のものである。この基準が「卓越の基準」とマッキンタイアが呼ぶものである。

　第二段階になって、キャンディ欲しさに（あるいはたんに勝ちたいがために）ルールを破るならば、子どもは自分自身を打ち負かすことになるのだ、とマッキンタイアは言う。第一段階では、ルールを破ることは、たんに「キャンディを手に入れるためにすること」の１つにすぎなかった。それがいまや、「チェスの優れたプレーヤーであろうとしている自分」を裏切る行為になるのである。第一段階では、ルールを破ることによって打ち負かされるべき自分など存在しなかった。第一段階と第二段階の間で、「打ち負かされるべき自分」が生成したのである。

[5] There are thus two kinds of goods possibly to be gained by playing chess. On the one hand there are those goods externally and contingently attached to chess-playing and to other practices by the accidents of social circumstance — in the case of the imaginary child candy, in the case of real adults such goods as prestige, status and money. There are always alternative ways for achieving such goods, and their achievement is never to be had only by engaging in some particular kind of practice. On the other hand there are the goods internal to the practice of chess which cannot be had in any way but by playing chess or some other game of that specific kind. We call them internal for two reasons: first, as I have already suggested, because we can only specify them in terms of chess or some other game of that specific kind and by means of examples from such games (otherwise the meagerness of our vocabulary for speaking of such goods forces us into such devices as my own resort to writing of 'a certain highly particular kind of'); and

> secondly because they can only be identified and recognized by the experience of participating in the practice in question. Those who lack the relevant experience are incompetent thereby as judges of internal goods.

their achievement is never to be had...：「is to have」で「持つことは可能である」という意味になる。したがって、「is never to be had」は「持たれることはまったく不可能である」という意味になる。

【訳】したがって、チェスをすることで得られる価値には二種類ある。一方には、偶然的な社会的状況によってチェス競技や他の実践にたまたま外的に結びついている価値がある。先に想定した子どもの場合はキャンディであり、現実の大人の場合は威信・地位・金銭といった価値である。この種の価値を達成するためには、常に他の方法があって、けっして特定の実践に携わらなければ達成できないものではない。他方では、チェスや他のこの種の競技をやることによってしか所有できないような、チェスという実践に特有の価値がある。この価値を「内的」と呼ぶ理由は2つある。第一に、すでに示唆したように、チェスや他のこの種の競技に言及し、この種の競技から引いた例を用いてのみ、この価値を特定できるからである（さもなければ、このような価値を語る我々の語彙は乏しいので、（前段落で）「あるきわめて特殊な種類の」という書き方に私が頼ったような工夫を余儀なくされる）。第二に、この価値は当該の実践に参加する経験によってのみ同定され認知されるからである。それゆえ、相応の経験を欠く者は内的価値の判断において無能である。

　ここで導入される「内的価値」と「外的価値」の区別は、本講で読む議論全体にとって重要である。
　内的価値とは、ある実践に参加することによってのみ達成し享受できる価値である。実践に参加した経験がないと特定も評価もできない価値である。卓越したチェスプレイヤーであることによってしか享受できないようなチェスのおもしろさ、卓越したチェスプレイヤーにしてはじめて達成できる試合

のすばらしさ、といった価値がこれにあたる。

　外的価値とは、実践に偶然的に結びついている価値であり、他の手段でも手に入れられる価値である。チェスの大会で優勝することで手に入る賞金や名声といった価値がこれにあたる。

　注意しておくべきなのは、マッキンタイアは、「内的価値が本物の価値で、外的価値は偽物である」とか「内的価値は外的価値よりも上だ」とか言っているわけではないことだ。たんに2つの価値は混同されるべきではないと言っているだけである。

§ 3

[6] This is clearly the case with all the major examples of practices: consider for example — even if briefly and inadequately — the practice of portrait painting as it developed in Western Europe from the late middle ages to the eighteenth century. The successful portrait painter is able to achieve many goods which are in the sense just defined external to the practice of portrait painting— fame, wealth, social status, even a measure of power and influence at courts upon occasion. But those external goods are not to be confused with the goods which are internal to the practice. The internal goods are those which result from an extended attempt to show how Wittgenstein's dictum 'The human body is the best picture of the human soul' (Investigations, p. 178e) might be able to become true by teaching us 'to regard ... the picture on our wall as the object itself (the men, landscape and so on) depicted there' (p. 205e) in a quite new way. What is misleading about Wittgenstein's dictum as it stands is its neglect of the truth in George Orwell's thesis 'At 50 everyone has the face he deserves.' What painters from Giotto to Rembrandt learnt to show was how the face at any age may be revealed as the face that the subject of a portrait deserves.

【訳】以上のことは実践の主な例すべてに明らかにいえる。短くて不十分な考察に終わるとしても、例として、西欧で中世後期から18世紀に発展した「肖像画を描く」という実践を考えてみよう。成功した肖像画家は、この実践に（たったいま定義した意味で）「外的」な価値を数多く達成できる。名声・富・社会的地位、時には宮廷におけるある程度の権力と影響力でさえも達成できる。しかし、これらの外的価値は、実践に内的な価値と混同されてはならない。ここでの内的価値とは、いかにしてウィトゲンシュタインの名言「人間の体は魂の最良の写しである」（『哲学探究』第二部Ⅳ）が真理でありうるのかを、「壁にかかっている絵を

第3講

絵の中に描かれた対象（人間や風景など）そのものと…みる」（『哲学探究』第二部IX）見方をまったく新しいやり方で我々に教えることで示そうとする長い試みの結果、生じる価値である。もっとも、ウィトゲンシュタインの言葉はそのままでは誤解を招く。「誰もが50歳で自分にふさわしい顔をもつ」というジョージ・オーウェルの言葉が含む真理を無視しているからである。ジオットからレンブラントに至るまで、画家たちが学んだのは、どんな年齢の人の顔でも肖像画のモデルにふさわしい顔として明らかにする方法であった。

　この¶6から¶8まで、マッキンタイアは「肖像画を描く」という実践を例としてとりあげて、この実践によってしか達成できない「内的価値」とは何か、を論じていく。

[7] Originally in medieval paintings of the saints the face was an icon; the question of a resemblance between the depicted face of Christ or St. Peter and the face that Jesus or Peter actually possessed at some particular age did not even arise. The antithesis to this iconography was the relative naturalism of certain fifteenth-century Flemish and German painting. The heavy eyelids, the coifed hair, the lines around the mouth undeniably represent some particular woman, either actual or envisaged. Resemblance has usurped the iconic relationship. But with Rembrandt there is, so to speak, synthesis: the naturalistic portrait is now rendered as an icon, but an icon of a new and hitherto inconceivable kind. Similarly in a very different kind of sequence mythological faces in a certain kind of seventeenth-century French painting become aristocratic faces in the eighteenth century. Within each of these sequences at least two different kinds of good internal to the painting of human faces and bodies are achieved.

Christ or St. Peter ... Jesus or Peter：「救世主としてのイエス」「聖人としてのペ

テロ」と「一人の人間としてのイエス、ペテロ」を対比している。

【訳】　もともと、中世の聖人画では、顔はイコンであった。キリストや聖ペテロの顔の絵が、ある年齢におけるイエスやペテロの実物の顔に似ているのかどうかは問題にさえならなかった。こういうイコン的表現への反発として、15世紀のフランドル、ドイツの絵画における穏和な自然主義があった。重いまぶた、整えられた髪、口もとのしわは、実在の人物であれ想像上の人物であれ、まちがいなく特定の女性を表している。類似性がイコン的な関係を侵襲したのである。しかし、レンブラントにはいわば両者の総合がある。ここにきて自然主義的肖像はイコンとして、ただしそれまでは考えられなかった新しい種類のイコンとして表されている。同様に、まったく別種の流れにおいて、ある種の17世紀フランス絵画の神話的な顔は18世紀には貴族的な顔になった。これらそれぞれの流れにおいて、人間の顔と体を描くことに内的な価値が少なくとも二種類達成されている。

この段落の最後で言われる「二種類の内的価値」は、次の段落で説明される。

[8] There is first of all the excellence of the products, both the excellence in performance by the painters and that of each portrait itself. This excellence— the very verb 'excel' suggests it— has to be understood historically. The sequences of development find their point and purpose in a progress towards and beyond a variety of types and modes of excellence. There are of course sequences of decline as well as of progress, and progress is rarely to be understood as straightforwardly linear. But it is in participation in the attempts to sustain progress and to respond creatively to moments that the second kind of good internal to the practices of portrait painting is to be found. For what the artist discovers within the pursuit of excellence in portrait painting— and what is true of portrait painting is true of the practice of the fine arts in general — is the good of a certain kind of life. That life may not constitute

第3講

> the whole of life for someone who is a painter by a very long way or it may at least for a period, Gaugin-like, absorb him or her at the expense of almost everything else. But it is the painter's living out of a greater or lesser part of his or her life as a painter that is the second kind of good internal to painting. And judgment upon these goods requires at the least the kind of competence that is only to be acquired either as a painter or as someone willing to learn systematically what the painter has to teach.

the very verb 'excel' suggests it：excel という語には「他より抜きんでる」「以前のものより優れる」という含意がある。Gaugin-like：「ゴーギャン的に」。ポスト印象派の画家ゴーギャン（1848-1903）は妻子を捨てて画業に専心したことで有名。it may at least for a period...：この it は That life、すなわち a certain kind of life を指す。

【訳】まず第一の価値に、作品の卓越がある。これは、肖像画そのものが卓越していて、かつ、画家の仕事が卓越していることの両方である。「卓越する」という動詞が示唆するように、この卓越は歴史的に理解されねばならない。（絵画の）発展の流れは、多様な種類と様式の卓越へと進歩し乗り越えていく中にその意義と目的とを見出す。もちろん、進歩の流れと同様に退歩の流れもあり、進歩が単純に直線的に理解できることはほとんどない。しかし、肖像画を描くという実践に内的な第二の価値が見出されるのは、進歩を維持し創造的に機会に応答しようとする試みに参加することにおいてなのである。というのは、肖像画を描くことにおける卓越を追及する中で芸術家が発見するのは、ある種類の人生の価値だからである（肖像画を描くことについていえることは、芸術一般の実践についてもいえる）。この（画家としての）人生は、きわめて長く画家である人にとっては、人生全体を構成しないかもしれない。あるいは、ゴーギャンのように、少なくとも人生の一定期間は他のほとんどすべてを犠牲にして、画家としての人生に没頭するかもしれない。しかし、多かれ少なかれ、自分の人生の一部を画家として生き抜くことが、絵を描くことに内的な第二の種類の価値なのである。そして、こ

れら二種類の価値を判断するためには、画家としてのみ得られる能力、あるいは画家が教えるべきことを体系的に学ぼうとする者としてのみ得られる能力が必要なのである。

　マッキンタイアは、「肖像画を描く」という実践に関わる価値を、まず内的価値と外的価値に区分した（¶6）。その上で、さらにここで内的価値を「作品の卓越」と「人生の価値」の二種類に分ける。
　「作品の卓越」とは、作品が（肖像画として）優れていること、そして作品を制作した画家の技量が優れていることである。作品そのものにせよ、そこに示される画家の技量にせよ、その価値は歴史的に理解されるものだ、とマッキンタイアは主張する。「作品の芸術的価値は必ず歴史的に理解されねばならないのだろうか」という疑問が生じるが、マッキンタイアが問題にしているのはそういうことではない。「絵を描く」という人間の行為そのものに深く根ざした事柄を、ここで言い当てようとしている。
　たとえば、絵画教室の生徒として絵を習う場合、ふつう、先生と同じ水準の絵を描くことが目標になる。しかし、少しだけ「先生がやりそうもないことをやりたい」という気持ちが生まれることもある。先生が描こうとして描けなかった絵か、それとも描きたくもなかった絵か、何にせよ先生が描く絵の可能性をわずかでもはみ出したところで絵を描きたくなる。この気持ちを育てていけるかどうか。これが、ただの「趣味で絵を描く人」に終わるか、それとも「画家」になるかの分かれめになる。画家とは絵を創造的に描く人のことである。絵を創造的に描くということは、先人の絵を乗り越えていくことである。だから、画家の絵の価値は、先人の絵のどこを乗り越えたのかで評価されねばならない、とマッキンタイアは言いたいのである。
　画家は、絵を創造的に描くことを続ける中で、「人生の価値」、つまり画家として生きることの価値を発見するのだ、とマッキンタイアは言う。画家として生きることに価値を見出すとは、「画家である」ということにアイデンティティの一部をもつことである。チェスを学ぶ過程で「優れたチェスプレイヤーになろうとする自分」が生成されたように、創造的に絵を描くことを学ぶ過程で「優れた画家になろうとする自分」が生成される。画家であることがア

第3講

　イデンティティの一部になるとは、個人の人生のすべてを画業に費やすことを意味しない。長い人生の中では、ほんの短い時間だけを絵を描くことに費やすだけかもしれない。しかし、アイデンティティの一部をなすか否かを決めるのは、費やした時間の長さではない。絵を描いて生きることに「生きるに値する人生」を見出すことである。これによって「画家であること」はアイデンティティの一部になる。

アラスデア・マッキンタイア 「美徳とは何か」

§ 4

[9] A practice involves standards of excellence and obedience to rules as well as the achievement of goods. To enter into a practice is to accept the authority of those standards and the inadequacy of my own performance as judged by them. It is to subject my own attitudes, choices, preferences and tastes to the standards which currently and partially define the practice. Practices of course, as I have just noticed, have a history; games, sciences and arts all have histories. Thus the standards are not themselves immune from criticism, but none the less we cannot be initiated into a practice without accepting the authority of the best standards realized so far. If, on starting to listen to music, I do not accept my own incapacity to judge correctly, I will never learn to hear, let alone to appreciate, Bartok's last quartets. If, on starting to play baseball, I do not accept that others know better than I when to throw a fast ball and when not, I will never learn to appreciate good pitching let alone to pitch. In the realm of practices the authority of both goods and standards operates in such a way as to rule out all subjectivist and emotivist analyses of judgment. De gustibus *est* disputandum.

subjectivist and emotivist：価値判断を感情等の主観的な心の状態の表出と同一視する立場を指す。De gustibus est disputandum：「趣味は議論できない（De gustibus non est disputandum）」というラテン語の格言のもじり。

【訳】実践は、価値の達成とともに卓越の基準や規則の遵守にも関わる。実践に参加するとは、卓越の基準がもつ権威を認め、この基準から判断して自分の仕事が十分ではないと認めることである。現在のところ実践の一部を成している基準に、私の態度・選択・好み・趣味を従わせることである。もちろん、先ほど注目したように、実践には歴史がある。競技・科学・芸術はすべて歴史をもっている。

だから、基準それ自体も批判を免れてはいない。しかしながら、これまでに実現された最高の基準がもつ権威を受け入れずして、実践の中へと導かれることはありえない。もし、音楽鑑賞の初心者であるときに、正しく判断するには力不足だと認めないとしたら、バルトークの最後の四重奏曲を評価するどころか、聴き方も身につかないだろう。もし、野球をやり始めるときに、速球をいつ投げていつ投げないのかを私よりも他人の方がよく知っていると認めないとしたら、球を投げるどころか、良い投球を評価することさえできないだろう。実践の領域では、価値と基準の権威は、価値判断に対する主観主義的・情緒主義的分析をすべて排除するように働いている。趣味ハ議論スベシ、なのである。

　実践において何が優れているかを評価する基準、「卓越の基準」については、既存の基準の権威を受け入れるところから実践を始めるしかない。「名作」とされる作品、「名選手」とされる人に（間接的にであれ）触れたことがなければ、何が優れているのか、何が良いのかを把握することはできない。いったん既存の権威を受け入れた後でなければ、既存の価値基準の批判や超克は不可能である。この点で内的価値と外的価値は対照的である。ある実践において、「誰がどれぐらい有名なのか」「誰にどれぐらいの権力があるのか」「誰がどれぐらい稼いでいるのか」といったようなことは、実践に参加せずともかなり正確に評価できる。したがって、外的価値については、価値評価の基準に権威は存在しないし、する必要もない。

アラスデア・マッキンタイア 「美徳とは何か」

§ 5

[10] We are now in a position to notice an important difference between what I have called internal and what I have called external goods. It is characteristic of what I have called external goods that when achieved they are always some individual's property and possession. Moreover characteristically they are such that the more someone has of them, the less there is for other people. This is sometimes necessarily the case, as with power and fame, and sometimes the case by reason of contingent circumstance as with money. External goods are therefore characteristically objects of competition in which there must be losers as well as winners. Internal goods are indeed the outcome of competition to excel, but it is characteristic of them that their achievement is a good for the whole community who participate in the practice. So when Turner transformed the seascape in painting or W.G. Grace advanced the art of batting in cricket in a quite new way their achievement enriched the whole relevant community.

W.G. Grace：クリケットの名選手（1848-1915）。

【訳】ここで、私が言うところの「内的価値」と「外的価値」の間にある重要な違いに、我々は気づかされる。達成されたときには必ず誰か個人の財産・所有物になるというのが、「外的価値」と私が呼ぶものの特徴である。さらにまた、誰かが多くもてば他の人の分はそれだけ少なくなる、というのも特徴的である。これは権力と名声の場合は必ずそうであるし、金銭についても偶然の事情でそうであったりもする。それゆえ、外的な価値はその特徴として勝者と並んで敗者を必ず生むような競争の対象である。たしかに内的価値も卓越をめざす競争の産物ではあるが、しかし内的価値の達成は実践に参加する者の共同体全体にとって価値がある、というのが内的価値の特徴なのである。だから、ターナーが絵画において海の風景

第3講

画を変容させたとき、W・G・グレイスがクリケットの打法をまったく新しい方向に進化させたとき、これらの達成は当該の共同体全体を豊かにしたのである。

　外的価値は、いわば総量が決まっていて、誰かが多く手に入れれば、他の人の取り分はその分減ってしまう。他方、内的価値は、誰かがそれを達成すると、それに伴って価値の総量が増える。こういう違いが内的価値と外的価値の間にはある。
　走り高跳びという競技を例にすると、競技大会で誰かが優勝してメダルと賞金を得るとする。すると、優勝者以外の参加者は、メダルも賞金ももらえない。もらえるとしても、優勝者がもらうのよりも価値の低いメダル、少ない賞金になってしまう。これは当然で、参加者全員に成績に関わらず同じメダル・賞金を配ってしまえば、メダルや賞金の意味はなくなってしまうわけである。他方、背面跳びが新たに開発されたときのように、誰かが優れた跳躍法を新しく工夫したとしよう。すると、これを工夫した人は新しい跳躍法を使って良い結果を出し、メダルや賞金を手に入れるかもしれない。しかし、それだけではなくて、新しい跳躍の出現は競技の可能性を広げ、人間の跳躍能力を高める。この意味で、いわば参加者全員が得をするわけである。内的価値の達成は実践者の共同体全体を豊かにするのである。

アラスデア・マッキンタイア 「美徳とは何か」

§ 6

[11] But what does all or any of this have to do with the concept of virtues? It turns out that we are now in a position to formulate a first, even if partial and tentative definition of a virtue: *A virtue is an acquired human quality the possession and exercise of which tends to enable us to achieve those goods which are internal to practices and the lack of which effectively prevents us from achieving any such goods.* Later this definition will need amplification and amendment. But as a first approximation to an adequate definition it already illuminates the place of the virtues in human life. For it is not difficult to show for a whole range of key virtues that without them the goods internal to practices are barred to us, but in a very particular way.

A virtue is an acquired human quality ... ：この文は関係代名詞が何を指しているのかが少しわかりづらい。次のように区切るとよい。

A virtue is an acquired human quality ｜ the possession and exercise of which(1) tends to enable us to achieve those goods which(2) are internal to practices ｜ and the lack of which(3) effectively prevents us from achieving any such goods.

which(1) と which(3) は an acquired human quality を指す。 which(2) は直前の those goods を指す。

【訳】しかし、これらすべてはそもそも美徳の概念とどんな関係があるのか。部分的で試行的な定義になるとしても、ここではじめて美徳の概念を定義できる位置に我々は立ったことになるのである。美徳とは、人間の後天的な資質であって、この資質の所有と行使が実践に内的な価値の達成を可能にするはずであり、この

資質を欠くならば実際にどんな内的価値の達成も妨げられる、そういう資質である。この定義は後で敷衍と修正を必要とするであろう。しかし、完全な定義に向かう第一歩となる近似として、すでにこの定義は人間生活において美徳が占める位置を明らかにしている。主要な美徳の全体にわたって、これらの美徳をもたないかぎり我々は実践の内的な価値からきわめて特殊なしかたで隔てられる、ということを示すのは難しくないからである。

いよいよ「美徳」の定義であるが、この定義は要するに、「美徳とは内的価値を達成するのに必要不可欠な資質である」と言っているにすぎない。問題の焦点は、むしろ「なぜ美徳は内的価値の達成に必要なのか」にある。この問題は次の ¶12 で扱われる。

[12] It belongs to the concept of a practice as I have outlined — and as we are all familiar with it already in our actual lives, whether we are painters or physicists or quarterbacks or indeed just lovers of good painting or first-rate experiments or a well-thrown pass — hat its goods can only be achieved by subordinating ourselves to the best standard so far achieved, and that entails subordinating ourselves within the practice in our relationship to other practitioners. We have to learn to recognize what is due to whom; we have to be prepared to take whatever self-endangering risks are demanded along the way; and we have to listen carefully to what we are told about our own inadequacies and to reply with the same carefulness for the facts. In other words we have to accept as necessary components of any practice with internal goods and standards of excellence the virtues of justice, courage and honesty. For not to accept these, to be willing to cheat as our imagined child was willing to cheat in his or her early days at chess, so far bars us from achieving the standards of excellence or the goods internal to the practice that it renders the practice pointless except as a device

> for achieving external goods.

we are all familiar with it ... : この it は the concept of a practice を指す。that entails subordinating ourselves ... : この that は直前の一文 its goods can only...so far achived を指す。to be willing to cheat ... : 直前の not to accept these を言い換えている。so far bars us ... : ここの bars の主語は not to accept these。ここの so を受けて、that it (= not to accept these) renders ... と続く。

【訳】ここまで輪郭を描いてきた実践の概念——我々自身が画家・物理学者・クォーターバックである場合でも、またたんに良い絵画・第一級の実験・見事なパスの愛好者にすぎない場合でも、現実の人生において我々は実践というものをよく知っているはずである——には、実践における価値は今まで実現された最高の基準に従属しないかぎり達成できないということが含まれている。ここから、実践の内部においては他の実践者との関係に従属することが帰結する。我々は、誰に何がふさわしいのかを見分けられねばならない。実践の途上で要求される危険がいかに自分の身を危うくするものであっても、それを引き受ける備えをもたねばならない。自分の足りないところの指摘には注意深く耳を傾け、同じくらい注意深く事実に応えねばならない。いいかえれば、内的価値と卓越の基準を伴ういかなる実践にも必要な構成要素として、公平・勇敢・正直という美徳を受け入れねばならない。これらの美徳を受け入れずして、子どもがチェスを始めた頃にズルをする気になったように、ズルをする気でいるならば、実践に内的な価値や卓越の基準を達成することから遠く隔てられて、結果として実践は外的価値を達成するための仕組みという意義しかもたなくなるからである。

　いかなる実践において内的価値を達成するために必要となる資質、すなわち基本的な美徳として、マッキンタイアは公平・勇敢・正直の３つを挙げる。再び、走り高飛びを例にして考えてみよう。
　「公平」にふるまうこと。これは、たとえば、選手としての優秀さ（卓越性）を評価するのに、個人的な好き嫌い等は度外視することを意味する。もし我々が走り高跳びという実践に参加しつつも、過度に不公平にふるまうならば、

他の選手の優秀さ（卓越性）を評価するという活動が意味を失ってしまうであろう。しかし、他の選手を評価するという活動は、走り幅跳びという実践の不可欠な一部である。それゆえ、不公平さは度が過ぎれば実践全体の意義を失わせる。

　「勇敢」にふるまうこと。これは、たとえば、フォームを変えることに伴うリスクを引き受けることを意味する。もし過度に臆病にふるまえばどうなるだろうか。フォームを変えることで得られる利点がはっきり見えている場合に、臆病になってフォームを変えるのを拒むとすれば、「できるかぎり高く飛ぶことを目指す」とはいえなくなってしまう。つまり、走り高跳びという実践の意義が失われてしまうのである。

　「正直」にふるまうこと。これは、たとえば、選手として自分がもつ欠点（短所）から目をそらさず、注意深く調べて対処することを意味する。欠点に自分で気づく場合でも、他人から欠点を指摘される場合でも、できるかぎり事実に基づいて対応しようとする態度である。ここでもやはり、もし過度に不正直にふるまえば、「できるかぎり高く飛ぶことを目指す」という活動をしているとはいえなくなる。

　似たようなことはあらゆる実践についていえるだろう。公平・勇敢・正直であることは、実践一般に共通するルールの位置を占めている。外的価値（権力・金銭・名誉）を得るためにこのルールを破るならば、我々は実践の内的価値から隔てられる。「公平・勇敢・正直であるべし」というルールを我々が従うべき規範として受け入れないとき、実践はそれ固有の内的価値を目指す活動ではなくなり、外的価値を得るための手段になってしまうからである。

＜前途瞥見＞
　ここまで見てきたマッキンタイアの議論に対しては、いろいろと問題が指摘できるだろう。とりわけ深刻なのは、ある実践全体がそれ自体として「悪い」ということはないのか、という問題である。マッキンタイアの議論にしたがえば、犯罪組織の構成員として働くことも実践の一例になってしまう。マフィアや暴力団の一員として活動する場合にも、「公平」「勇敢」「正直」のような美徳は必要とされるだろうし、美徳によって達成される何らかの内的価値は

存在するとさえ考えられる。つまり、マッキンタイアの「実践」の定義にしたがうと、良い実践と悪い実践は区別されないことになる。しかし、これは我々の直観に反するだろう。このような問題に対して、マッキンタイアは、我々が関わる様々な実践をさらに広い文脈（個人の人生全体や道徳的伝統）の中に位置づけることによって答えていく……というのがここから先の議論の展開である。ここではこれ以上詳しく紹介できないので、興味が湧いた方は、ぜひ『美徳なき時代』を読んでほしい。

読書案内

　（1）ウィリアムズ『生き方について哲学は何が言えるか』は『美徳なき時代』と並ぶ名著である。道徳的伝統は現代において衰弱しているだけで、本来は健全なものであるとマッキンタイアが考えるのに対して、ウィリアムズは道徳的伝統そのものにいくぶん懐疑的である。それはウィリアムズが、マッキンタイアとは異なって、道徳的に思考することそのものに潜む罠に目を向けるからである。この点に関してはウィリアムズの方がマッキンタイアより優れていると思う。

　日本語で読める美徳論の古典的論文として、（2）マクダウェル「徳と理性」と、（3）バーニェト「アリストテレスと善き人への学び」とを挙げておく。

　（4）広瀬一郎『スポーツマンシップを考える』は、実践と美徳が具体的にどのように結びつくのかを見るために有益な本。読みやすくておもしろい。

　（5）アリストテレス『ニコマコス倫理学』は、『美徳なき時代』や（1）（2）（3）などを読む場合に前提となる古典である。

（1）バナード・ウィリアムズ『生き方について哲学は何が言えるか』（森際康友・下川潔訳）産業図書
（2）ジョン・マクダウェル「徳と理性」（萩原理訳）、『思想』2008年第7号
（3）M・F・バーニェト 「アリストテレスと善き人への学び」（神崎繁訳）、井上忠・山本巍編『ギリシア哲学の最前線Ⅱ』（東京大学出版会）に所収
（4）広瀬一郎 『スポーツマンシップを考える』 ベースボール・マガジン社
（5）アリストテレス 『ニコマコス倫理学』（朴一功訳） 京都大学学術出版会

第3講

<解説英文全文>

In the Homeric account of the virtues—and in heroic societies more generally—the exercise of a virtue exhibits qualities which are required for sustaining a social role and for exhibiting excellence in some wellmarked area of social practice: to excel is to excel at war or in the games, as Achilles does, in sustaining a household, as Penelope does, in giving counsel in the assembly, as Nestor does, in the telling of a tale, as Homer himself does. When Aristotle speaks of excellence in human activity, he sometimes though not always, refers to some well-defined type of human practice: flute-playing, or war, or geometry. I am going to suggest that this notion of a particular type of practice as providing the arena in which the virtues are exhibited and in terms of which they are to receive their primary, if incomplete, definition is crucial to the whole enterprise of identifying a core concept of the virtues. I hasten to add two *caveats* however.

The first is to point out that my argument will not in any way imply that virtues are only exercised in the course of what I am calling practices. The second is to warn that I shall be using the word 'practice' in a specially defined way which does not completely agree with current ordinary usage, including my own previous use of that word.

By a 'practice' I am going to mean any coherent and complex form of socially established cooperative human activity through which goods internal to that form of activity are realized in the course of trying to achieve those standards of excellence which are appropriate to, and partially definitive of, that form of activity, with the result that human powers to achieve excellence, and human conceptions of the ends and goods involved, are systematically extended. Tic-tac-toe is not an example of a practice in this sense, nor is throwing a football with skill; but the game of football is, and so is chess. Bricklaying is not a practice; architecture is. Planting turnips is not a practice; farming is. So are the enquiries of physics, chemistry and biology, and so is the work of the historian, and so are painting and music. In the ancient and medieval worlds the creation and sustaining of human communities—of households, cities, nations—is generally taken to be a practice in the sense in which I have defined it. Thus the range of practices is wide: arts, sciences, games, politics in the Aristotelian sense, the making and sustaining of family life, all fall under the concept. But the question of the precise range of practices is not at this stage of the first importance. Instead let me explain some of the key terms involved in my definition, beginning with the notion of goods internal to a practice.

Consider the examples of a highly intelligent seven-year old child whom I wish to teach to play chess, although the child has no particular desire to learn the game. The child does however have a very strong desire for candy and little chance of obtaining it. I therefore tell the child that if the child will play chess with me once a week I will give the child 50 ¢ worth of candy; moreover I tell the child that I will always play in such a way that it will be difficult, but not impossible, for the child to win and that, if the child wins, the child will receive an extra 50 ¢ worth of candy. Thus motivated the child plays and plays to win. Notice however that, so long as it is the candy alone which provides the child with a good reason for playing chess, the child has no reason not to cheat and every reason to cheat, provided he or she can do so successfully. But, so we may hope, there will come a time when the child will find in those goods specific to chess, in the achievement of a certain highly particular kind of analytical skill, strategic imagination and competitive intensity, a new set of reasons, reasons now not just for winning on a particular occasion, but for trying to excel in whatever way the game of chess demands. Now if the child cheats, he or she will be defeating not me, but himself or herself.

There are thus two kinds of goods possibly to be gained by playing chess. On the one hand there are those goods externally and contingently attached to chess-playing and to other practices by the accidents of social circumstance — in the case of the imaginary child candy, in the case of real adults such goods as prestige, status and money. There are always alternative ways for achieving such goods, and their achievement is never to be had only by engaging in some particular kind of practice. On the other hand there are the goods internal to the practice of chess which cannot be had in any way but by playing chess or some other game of that specific kind. We call them internal for two reasons: first, as I have already suggested, because we can only specify them in terms of chess or some other game of that specific kind and by means of examples from such games (otherwise the meagerness of our vocabulary for speaking of such goods forces us into such devices as my own resort to writing of 'a certain highly particular kind of'); and secondly because they can only be identified and recognized by the experience of participating in the practice in question. Those who lack the relevant experience are incompetent thereby as judges of internal goods.

This is clearly the case with all the major examples of practices: consider for example — even if briefly and inadequately — the practice of portrait painting as it developed in Western Europe from the late middle ages to the eighteenth century. The successful portrait painter is able to achieve many goods which are in the sense just defined external to the practice of portrait painting — fame, wealth, social status, even a measure of power and influence at courts upon occasion. But those external goods are not to be confused with the goods which are internal to the practice. The internal goods are those which result from an extended attempt to show how Wittgenstein's dictum 'The human body is the best picture of the human soul' (Investigations, p.178e) might be able to become true by teaching us 'to regard ... the picture on our wall as the object itself (the men, landscape and so on) depicted there' (p. 205e) in a quite new way. What is misleading about Wittgenstein's dictum as it stands is its neglect of the truth in George Orwell's thesis 'At 50 everyone has the face he deserves'. What painters from Giotto to Rembrandt learnt to show was how the face at any age may be revealed as the face that the subject of a portrait deserves.

Originally in medieval paintings of the saints the face was an icon; the question of a resemblance between the depicted face of Christ or St. Peter and the face that Jesus or Peter actually possessed at some particular age did not even arise. The antithesis to this iconography was the relative naturalism of certain fifteenth-century Flemish and German painting. The heavy eyelids, the coifed hair, the lines around the mouth undeniably represent some particular woman, either actual or envisaged. Resemblance has usurped the iconic relationship. But with Rembrandt there is, so to speak, synthesis: the naturalistic portrait is now rendered as an icon, but an icon of a new and hitherto inconceivable kind. Similarly in a very different kind of sequence mythological faces in a certain kind of seventeenth-century French painting become aristocratic faces in the eighteenth century. Within each of these sequences at least two different kinds of good internal to the painting of human faces and bodies are achieved.

There is first of all the excellence of the products, both the excellence in performance by the painters and that of each portrait itself. This excellence—the very verb 'excel' suggests it—has to be understood historically. The sequences of development find their point and purpose in a progress towards and beyond a variety of types and modes of excellence. There are of course sequences of decline as well as of progress, and progress is rarely to be understood as straightforwardly linear. But it is in participation in the attempts to sustain progress and to respond creatively to moments that the second kind of good internal to the practices of portrait painting is to be found. For what the artist discovers within the pursuit of excellence in portrait painting — and what is true of portrait painting is true of the practice of the fine arts in general — is the good of a certain kind of life. That life may not constitute the whole of life for someone who is a painter by a very long way or it may at least for a period, Gaugin-like, absorb him or her at the expense of almost everything else. But it is the painter's living out of a greater or lesser part of his or her life as a painter that is the second kind of good internal to painting. And judgment upon these goods requires at the least the kind of competence that is only to be acquired either as a painter or as someone willing to learn systematically what the painter has to teach.

A practice involves standards of excellence and obedience to rules as well as the achievement of goods. To enter into a practice is to accept the authority of those standards and the inadequacy of my own performance as judged by them. It is to subject my own attitudes, choices, preferences and tastes to the standards which currently and partially define the practice. Practices of course, as I have just noticed, have a history; games, sciences and arts all have histories. Thus the standards are not themselves immune from criticism, but none the less we cannot be initiated into a practice without accepting the authority of the best standards realized so far. If, on starting to listen to music, I do not accept my own incapacity to judge correctly, I will never learn to hear, let alone to appreciate, Bartok's last quartets. If, on starting to play baseball, I do not accept that others know better than I when to throw a fast ball and when not, I will never learn to appreciate good pitching let alone to pitch. In the realm of practices the authority of both goods and standards operates in such a way as to rule out all subjectivist and emotivist analyses of judgment. De gustibus *est* disputandum.

We are now in a position to notice an important difference between what I have called internal and what I have called external goods. It is characteristic of what I have called external goods that when achieved they are always some individual's property and possession. Moreover characteristically they are such that the more someone has of them, the less there is for other people. This is sometimes necessarily the case, as with power and fame, and sometimes the case by reason of contingent circumstance as with money. External goods are therefore characteristically objects of competition in which there must be losers as well as winners. Internal goods are indeed the outcome of competition to excel, but it is characteristic of them that their achievement is a good for the whole community who participate in the practice. So when Turner transformed the seascape in painting or W.G. Grace advanced the art of batting in cricket in a quite new way their achievement enriched the whole relevant community.

But what does all or any of this have to do with the concept of virtues? It turns out that we are now in a position to formulate a first, even if partial and tentative definition of a virtue: *A virtue is an acquired human quality the possession and exercise of which tends to enable us to achieve those goods which are internal to practices and the lack of which effectively prevents us from achieving any such goods.* Later this definition will need amplification and amendment. But as a first approximation to an adequate definition it already illuminates the place of the virtues in human life. For it is not difficult to show for a whole range of key virtues that without them the goods internal to practices are barred to us, but in a very particular way.

It belongs to the concept of a practice as I have outlined — and as we are all familiar with it already in our actual lives, whether we are painters or physicists or quarterbacks or indeed just lovers of good painting or first-rate experiments or a well-thrown pass — that its goods can only be achieved by subordinating ourselves to the best standard so far achieved, and that entails subordinating ourselves within the practice in our relationship to other practitioners. We have to learn to recognize what is due to whom; we have to be prepared to take whatever self-endangering risks are demanded along the way; and we have to listen carefully to what we are told about our own inadequacies and to reply with the same carefulness for the facts. In other words we have to accept as necessary components of any practice with internal goods and standards of excellence the virtues of justice, courage and honesty. For not to accept these, to be willing to cheat as our imagined child was willing to cheat in his or her early days at chess, so far bars us from achieving the standards of excellence or the goods internal to the practice that it renders the practice pointless except as a device for achieving external goods.

第 4 講

脱道徳家 vs 人間らしさ
—— バーナード・ウィリアムズ「脱道徳家」——

壁谷彰慶

英語の難易度　☆☆
内容の難易度　☆☆☆☆

はじめに

　私たちは、「…すべきだ」とか「…してはいけない」とかいった表現で、誰かのふるまいの正しさやよしあしを語っている。この語り口は、何か「正しいことがら」が存在し、それに私たちが服していることを示唆している。ふつう、それに対応する言葉は「道徳（moral）」である。だが、道徳になぜ従う「べき」なのだろうか。これは「規範性」の問い（Why be moral? の問い）と呼ばれる難題で、道徳を基礎づけるこの特性について古代から哲学者は頭を悩ませてきた。その探求は、人としてのわれわれのあり方を考える「倫理学（ethics）」という分野を形成しながら発展し、問いを精緻化しつつ今日も道徳のあり方についての議論は続けられている。

　倫理学の営みを学ぶのに適した文献はたくさんあるが、ここでは一風変わった倫理学入門に触れてみたい。それは、英国出身の哲学者バーナード・ウィリアムズ（Bernard Williams, 1929-2003）による *Morality: An Introduction to Ethics* (1972) の第一章として書かれた、"The amoralist"[1] と題された小論である。彼の第一著作でもあるこの本で、ウィリアムズはそれまでの倫理学（彼は「道徳哲学（moral philosophy）」という表現も使う）の営みを批判的に検討しながら、道徳の問題と倫理学のあり方を論じている。これまで道徳について哲学者が提出してきたさまざまな考え方に満足せず、彼は倫理学のあり方を問いながら、適切な倫理学の可能性を追求する。よってこの本は、倫理学批判を介した倫理学入門であるとともに、倫理学入門の体裁をとった倫理学批判でもある。

　彼が従来の倫理学に対して不満を抱くのは、倫理学の問題に哲学者が解決を与えようとするさい、何か原理や理論体系を提出することになりやすく、そのとき本当に重視すべき問題が看過されてしまうと考えるからである。彼がとりわけ標的にしたのは、「理性」に訴えた原則をもちだす道徳理論と、各

1　Bernard Williams, *Morality: An Introduction to Ethics*, Cambridge University Press, 1972, pp. 3-13.

人の幸福の総量という観点から説明を与える功利主義的な道徳理論である。どちらも単一の原理を立て、そこから個人に対して一般的な制約をかけるものとして規範性を説明するが、個々人の内面や、個別場面での微細な事情を捨象してしまうと彼は考えるのである。

体系的な理論構築やそれに伴う一般化に対する批判的な姿勢は、ウィリアムズの多くの著述に通底するものだが、彼の仕事を特徴づけることはじつのところ難しい。彼が残した仕事は、倫理学に関するもの以外にも、人格の同一性や相対主義に関する考察、デカルトやニーチェなどの文献研究、さらには彼が魅了されたオペラに関するものなど広範に及ぶが、それらをつなぐ明確な思想は示されないからである。しかし、「恥」の道徳的な役割の考察や、「後悔」や「憤慨」といった個人の内面的観点からの「道徳的運（moral luck）」の分析、また、理由ということに当人の動機との関わりを重視する議論（⇒ Box1）などには、俯瞰した視点に立つことを拒み、個別具体的な事実に対してつねに眼差しを向けようとする一貫した姿勢が感じとれる。彼の残した膨大な著作が正しく理解されるのはおそらくまだ先のことだが、彼自身が体系的な著述を目指さなかったことは、彼の誠実さの現れであったのかもしれない。少なくとも彼の仕事が、伝統的哲学に関する見識と、独自の観点に基づく深い洞察と、さらに人間に対する慈愛に満ちた態度といったものが渾然となった固有の魅力を放っているのは確かである。

これから読むのはこうしたウィリアムズの著述活動の端緒となる文章だが、表向きの印象に反し、決してやさしいものではない。あらかじめ概要を確認しておけば、このようになる。

アウトライン

§1　【問題設定】問いの2つの意味と脱道徳家（¶1〜¶3）

§2　【往路】脱道徳家を道徳の外へと押しやる作業（¶4〜¶9）
　　¶4〜¶6　道徳の理由づけを拒否する脱道徳家
　　¶7　「自分はほかの人より優れている」と言う脱道徳家

　　　　¶8　「自分は勇敢だ」と言う脱道徳家
　　　　¶9　「人間とは本来は利己的である」ということの意味
　§3　【折り返し点】「道徳的である≒人間らしい」（¶10〜¶13）
　　　　¶10　人間が本来どんなものかはよくわからない
　　　　¶11　人間の本来のあり方＝人間の現実のあり方
　　　　¶12　脱道徳家は人間である
　　　　¶13　人間は他人を配慮する
　§4　【復路】脱道徳家を道徳の内にとり込む作業（¶14〜¶15）
　　　　¶14　気まぐれに他人を配慮する脱道徳家
　　　　¶15　共感の拡張という方法

　この文章の主題は、道徳の規範性とそれについての倫理学的対応との関係を反省することである。押さえておきたいのは、ウィリアムズの問題意識が、伝統的な倫理学が道徳の規範性を「理由づけ」ようとしてきたことに向けられていることである。倫理学は道徳の規範性を「理由」や「合理性」ということがらによって説明しようとしてきたが、ウィリアムズは、それとは別のかたちで人にとって道徳のあり方が問われることもあると考えている。そこで彼は、自身の問題意識を表明するために、「脱道徳家（amoralist）」という道徳不感症の人物を想定する（§1）。これは道徳的に生きることに意味を見いだせない人物である。その人物は、道徳に従う理由がわからないのではなく、道徳に意味を見いだせないのである。このような人物が想定されたとき、彼にどのようにして道徳的な生き方を受け入れてもらえばいいのだろうか。この問いを扱うには、彼がどのような人物なのかを精査する必要がある。そこで、脱道徳家から道徳的な要素をとり除く作業が開始される（§2）。他人と自分とを同等視するような道徳の「理由づけ」をめぐって、脱道徳家とウィリアムズとのあいだに想定上の議論が交わされていき、その中で、脱道徳家は道徳的に生きる理由を見いだせないが、それでも「人間らしい」生き方はできるだろうという見解が示唆され、「人間らしさ（humanity）」という観点が浮上する（§3）。そのうえで著者は、「人間らしさ」の中に脱道徳家をとり込む方向へと舵を切り、脱道徳家が「人間らしく」なるとすればどのような条件

が必要で、それがどのような仕組みで脱道徳家にとって実現されるのかについて、1つの見解を提示する（§4）。

全体の構成としては道徳の内外を一巡するかたちをとっており、脱道徳家を道徳の外部に押しやる作業（往路）と、道徳の内部にとり込む作業（復路）とが、「人間らしさ」を折り返し点として進行する文章になっている。こうした議論はウィリアムズ独自のものだが、本来の主旨にふさわしく、確かに倫理学への興味を読者に抱かせるものになっている。

英文の特徴についても触れておこう。彼の書く文章は機知に富み洗練されているなどとしばしば評されるが、論理展開をとりづらい記述も散見され、不親切な印象も与えやすい。たとえば、簡単に触れられた論点があとの議論の重要な前提になっていたり、詳細に論じられたことが伏線であったりといったことがたびたび起こる。しかしこうした文章は、哲学文献の読解練習には恰好の教材になるとも言える。文面から読みとれるさまざまな意味を、論脈と照合しながら自分で1つに絞り込んでいく力が求められるが、これは、他者の思索が記された哲学文献を理解するために必要なスキルだからである。

では、いくらか関心をもっていただいた上で、テキストに飛び込むことにしよう。

第4講

§ 1

> [1] 'WHY should I do anything?' Two of the many ways of taking that question are these: as an expression of despair or hopelessness, when it means something like 'Give me a reason for doing anything; everything is meaningless'; and as sounding a more defiant note, against morality, when it means something like 'Why is there anything that I *should, ought to*, do?'

a more defiant note：note は「調子、語気、態度」。セミコロン前の、悲嘆や失望の表明としての理解よりも「さらに」という意味の比較級。defiant は「不遜な」。morality：道徳、道徳性。語感として名詞の moral はじっさいの具体的な道徳内容を指すのに対し、morality はより抽象的に「道徳」というもの一般を指す。

【訳】「なぜ私は何かをなすべきなのだろうか」こういった問いは理解の仕方がたくさんあるが、そのうち2つはこうである。「何かをする理由を与えてくれ。どんなことにも意味が見いだせないんだ」といった意味の、悲嘆や失望の表明とする理解の仕方と、「私になすべきこと、つまり正しいことがなぜ存在するのか」といった意味の、道徳に抗うもっと不遜な響きの理解の仕方である。

　冒頭の問いのもつ意味が2つ確認されている。1つは、何かを自分がやらなくてはならないことの無意味さを嘆くもの、もう1つは、道徳が備える「べき」という性質の根拠があることへの疑念を示すものである。第一の問いは、道徳的であることが彼にとってもつ意味やその存在意義を問うことによって道徳を無効化するのに対し、第二の問いは、道徳に「抗う (against it)」のである。問いの2つの意味についてはあとで整理することにし (⇒ ¶3)、もう少し説明を追ってみよう。次の段落はやや長めで重要な箇所でもあるので、前半と後半に分けて扱おう。

[2-a] Even though we can paraphrase the question in the first spirit as 'Give me a reason ...', it is very unclear that we can in fact give the man who asks it a reason—that, starting from so far down, we could *argue* him into caring about something. We might indeed 'give him a reason' in the sense of finding something that he is prepared to care about, but that is not inducing him to care by reasoning, and it is very doubtful whether there could be any such thing. What he needs is help, or hope, not reasonings.

in the first spirit：第一の意味で。前段落冒頭の問いについて確認された2つの意味の1つ。次のパラグラフ ¶3 の in the second spirit と呼応。*argue him into* ...：argue A into B は「A を説得して B させる」。哲学者の用いる argue の名詞形 argument は、「議論」や「論証」の意味で、ある結論を述べるために論理的に根拠を与える作業を指す。この箇所は、第一の意味で問う人に、何か「理由」を与えることで道徳的な生き方をさせられるかわからない、ということ。is prepared to：人物を主語にしたとき、心理的側面についての「〜してもよいと思う」の意味と、事実的側面についての「〜する手はずが整っている、〜できる状態にある」の意味との2つがある。but that is not inducing him to care by reasoning：カンマ前の文内容を受ける that が inducing ... の動名詞句を補語としてとる文で、「しかしそのことは、理由づけによって彼を配慮したくすることではない」の意。induce A to B は「A を B するように促す、A に B したくさせる」。care は「配慮する・気にかける・関心をもつ」。この文で care は二度登場し、1つめは something を目的語にとる他動詞句（caring about）を形成し、2つめの care は動作自体に注目されている。直後の by reasoning は、第二の care ではなく inducing に対するものとしたほうが、冒頭の argue into と整合する。reasoning は「理由づけ」と訳す。哲学上の定訳は「推論」だが、文脈に即した訳が求められる。名詞形の reason は「理由」や「理性」の意味。西洋哲学の伝統内での根本概念の1つで、それ自体の内実はつねに争点になる。ウィリアムズは reason という考えに訴える倫理学に疑念を抱いている。

第 4 講

【訳】第一の意味で言われたこの問いを、[先述のように]「…する理由を与えてくれ」と言い換えることがたとえできるとしても、それを問う人に本当に理由を示せるのか。つまり、それほど底辺から開始しても、何かを気にかけるように彼を説得できるかどうかはまったく定かでないのである。確かに彼がすでに関心をもてそうなものを見つけるという意味において「彼に理由を与える」ことができるかもしれない。しかしそれは、理由づけによって彼に関心をもたせることではないし、そうしたことがそもそも起こりうるのかが、きわめて疑わしい。彼が必要としているのは手助けや希望であり、理由づけではないのである。

[2-b] Of course it is true that if he stays alive he will be doing *something*, rather than something else, and thus in some absolutely minimal sense he has some sort of reason, some minimal preference, for doing those things rather than other things. But to point this out gets us hardly anywhere; he does those things just mechanically, perhaps, to keep going, and they mean nothing to him. Again, if he sees his state as a reason for suicide, then that would be to make a real decision; as a way out of making any decisions, suicide comes inevitably one decision too late (as Camus points out in *Le Mythe de Sisyphe*). But it would be no victory for us or for him if it turned out there was after all just one decision that he was prepared to acknowledge, that one.

preference：選好、選り好み。何かをほかのものよりも好むこと。to point this out gets us hardly anywhere：名詞的用法の to 不定詞句が主語の文。point out は「指摘する」。get us hardly anywhere の直訳は「われわれをどこかに連れて行くことは難しい」。ここでは無生物主語なので、「～することによって何か進展する見込みは薄い」といった意味。Again：他方で、とはいえ。「この状況を別の観点からあらためて見直せば（≒ on the other hand）」といった意味。he sees his state as a reason for suicide：どんな決意にも理由がない状況（his state）から抜けだそうとして、自殺をしようとする人を考えている。that would be to make a real decision：that は前の条件節の内容が成立したときの状況を指しており、補語として to make a real decision をとる。as a way out of making any decisions, suicide comes inevitably one decision too late：セミコロン以下で主文の補足。決意にはそれなりの理由が必要であるが、しかし、決意を下す理由がないという状況から抜けだそうとして自殺に踏み切ったとすれば、彼は１つの決意をしたことになる、ということ。no victory for us or for him：自殺以外の決意をする理由が彼にあらかじめ承認できないようになっていたならば、われわれは彼を説得できないし、彼はやはり自殺から逃れられなかったのである。なお、カミュの『シーシュポスの神話』の中には、「自殺はそれなりに（人生の）不条理を解決してしまう」[2] といった記述がある。acknowledge：承認する、認める。

【訳】もちろん、そのまま生き続ければ彼はほかのものではなく何かあるものをするだろうし、それゆえ、ほかのものではなくそれを行うことに対して、かろうじて何らかの理由と最低限の選好を何かもっているのは事実である。しかしこの点に注目してもどこにも進めそうにない。彼はもしかしたらこうしたことをただ機械的に続けているかもしれず、そのときそれらは彼に何の意味をもたない。そのうえ、自らの状況を自殺する理由として見なすならば、そのとき本当の決意を下すことになるだろう。何か決意を下すということから逃れるための手段として、自殺は不可避的に［決意を下すはずの本来の時機に間に合わず］遅すぎた１つの決意になるからである（カミュが『シーシュポスの神話』で指摘するように）。だが、彼が承認できる決意がそれだけだったと判明すれば、われわれにも彼にも、勝利などありえないだろう。

次のパラグラフで、問いの２つの意味を対比させながら、「脱道徳家」の言葉が登場する。

2　カミュ、『シーシュポスの神話』（清水徹訳、新潮文庫、1969 年）、97 頁。

第4講

[3] I do not see how it could be regarded as a defeat for reason or rationality that it had no power against this man's state; his state is rather a defeat for humanity. But the man who asks the question in the second spirit has been regarded by many moralists as providing a real challenge to moral reasoning. He, after all, acknowledges some reasons for doing things; he is, moreover, like most of us some of the time. If morality can be got off the ground rationally, then we ought to be able to get it off the ground in an argument against him; while, in his pure form—in which we can call him the *amoralist* — he may not be actually persuaded, it might seem a comfort to morality if there were reasons which, if he were rational, would persuade him.

a defeat for reason or rationality, a defeat for humanity：defeat for は「～にとっての敗北」。rationality は「合理性」。人や人の心などが理にかなっていること。humanity は「人間性、人間らしさ、人情」。この箇所は本テキストの基本主張の要約でもあり、パラグラフ末まで読まないとわからないが（以下の解説を参照）、主旨は、「自殺を決意する人が示す問題は、理由づけを彼に与えられなかったことではなく、人間らしい生き方の魅力を彼に提示できなかったことにある」ということ。なお、humanity には（通常 the humanities で）「人文科学、古典研究」の意味もあり、ウィリアムズの哲学思想の中では独自の重みをもつ単語である。in the second spirit：第二の意味で。He：前文の主語 the man who ... のことだが、その人は、¶2-b で自殺を決意する人の問いを、「第二の意味」の問いへと曲解し、理由づけを問うてしまうような人物である。ウィリアムズにとっては、こうした人物への対応に専念することは誤った倫理学的態度である。というのも、自殺を決意した人の本来の「第一の意味」の問いを無視するからである。some of the time：ときには、～のときもある。be got off the ground：get ～ off the ground は「～を離陸する、うまく開始する、始動する」。the amoralist：定訳はないが、内容に即して「脱道徳家」と訳す。論題に掲げられた語が定冠詞つきで登場し、「彼」をこの名詞が表わすものの

範例としている。日常的には amoralist は、「道徳意識の欠如した人」を意味する。道徳に反するふるまいをつねに目指す人（反道徳主義者）、でないことに注意。it might seem a comfort to morality：it は状況を指す主語で、「その状況は道徳にとって心地よいものに見えるかもしれない」が直訳。

　要点をとりづらいパラグラフだが、¶2-b で想定された「自殺を決意する人」を受け、ここで「脱道徳家（amoralist）」の語が登場していることを忘れないようにしよう。自殺を決意する人は、何かをすることの理由を見いだせず、その状況から逃れるために「決意」をするかもしれないとされていた。彼が示すのは、理由の問いとは無関係の生き方があるということである。もちろん伝統的な倫理学が想定してきたように、彼が「第二の意味」で理由を求める人（the man who asks the question in the second spirit）であれば、その人を「説得する（argue into）」理由づけを与えるのが望ましい。しかし、自殺を決意した人にとっての本当の悩みは、理由づけではなく、何かをすることの意味が見いだせなかったこと（「第一の意味」の問い）である。彼のように、理由づけに関心をもたない状態にある（=「純粋なあり方をしている（in his pure form）」）人には、そもそも「説得」や「理由づけ」は無関係であると著者は考え、むしろ問題は、人間として生を営むことの魅力を彼に与えられなかったことにあるのだと注意を喚起する。それが冒頭の、彼を助けられず死に追いやったことは、「理由や合理性の敗北」ではなく「人間らしさの敗北」である、という文の意味である。

【訳】この人物の状況に対して［自殺以外の理由を与えることができず］理由や合理性が効力をもたないことが、どうやったら敗北とみなされうるのか私にはわからない。彼の状況はむしろ人間らしさにとっての敗北である。だが、この問いを第二の［規範性の理由を求める］意味で問うような人を、道徳に関わる理由づけに対して真の課題を与えたと多くの道徳家がみなしたのである。［第二の意味で問う］彼も詰まるところ、ものごとを行う何らかの理由を認めている。そのうえ、ときに彼は私たちの大半と同じである。もしも道徳が理にかなうかたちで始動させられるならば、彼［の第二の意味での問い］に対する反論の中で始動できなけ

ればならない。彼は純粋なあり方をしているときには——そのとき彼のことを「脱道徳家」と呼ぶことができる——真に説得されないだろう。それでも仮に彼が理にかなった人で、彼を説得しうる理由があるとすれば、道徳は安住できるように見えるのかもしれない。

　ここで、最初の問い（「なぜ私は何かをなすべきなのだろうか」）についての2つの意味をはっきりととらえることができるだろう。文面上は次のように述べられていた。

　　第一の意味：「私が何かをなすべきだということに意味はあるのか」
　　　　　　　人間らしさにとっての敗北を招く
　　第二の意味：「私が何かをなすべきだということに理由はあるのか」
　　　　　　　理由づけや合理性にとっての敗北を招く

伝統的に倫理学は、第二の意味での問いに注目して、道徳について、理にかなった人たちに受け入れられるような根拠・理由づけを与えることを課題に発展してきた。ウィリアムズの問題意識はそこにある。人は理由を確認しあう思弁的なやりとりの外側に生きることもありうるし、それゆえ道徳について理由づけの外側で問いを立てることもありうるだろう。そこで、倫理学が理由づけに固執してきたことを誤りだと彼は考えるのである[3]。
　すると、このテキストで「脱道徳家」の設定を使って著者が目論んでいることもわかってくる。これまでの描写に従えば、それは「道徳的な生き方に意味を見てとれず、それゆえ道徳的になりたがらない人」である。そして、この想定を用いて著者が注目させようとしていることは次の三点である。彼が、（1）道徳的な生き方の外側に立ち、（2）理由づけの外側にも立っており、にもかかわらず、（3）われわれ人間にとっての1つのあり方を提示しているように見える、ということである。この人物に言及することで、上記のウィ

3　別の著作では、自身の基本見解を次のように要約している。「理性と明晰な理解というものを論証的合理性でとらえるある種の解釈が、倫理的思考を損ない、倫理的思考についての私たちの考え方を歪めてきた（読書案内⑦、5頁）」。

脱道徳家 vs 人間らしさ

リアムズにとっての問題意識は、「こうした人物の存在に倫理学はどうやって対応できるのか」というかたちに置換できることになる。

そこで次の§2では、脱道徳家のもつ（1）と（2）の側面に焦点が当てられ、道徳の「理由づけ」を拒否する彼のあり方が描写される。（3）について明言されるのは§3以降で、これ以前には「人間らしさにとっての敗北（defeat for humanity）」の表現でしか示唆されていないが、このテキストでは、脱道徳家と呼ばれるような人を、突飛な仮想的人物ではなく、われわれの1つのあり方を体現するものとして提示している。このことを踏まえておくと、後半の議論をスムーズに読み進められるようになる。よって、脱道徳家に関する以上の三点をあらかじめ頭の片隅に入れておいてほしい。

さて、こうした脱道徳家が提出する問いに対応するとは、「道徳的な生き方の意味と魅力を彼にわからせる方法や仕組みを探すこと」である。この課題を適切に遂行するためには、彼のあり方を精査する必要がある。そこで次のパラグラフから、道徳的な生き方と理由づけの外側に彼を押しやる作業が開始される。

§ 2

脱道徳家を道徳的な生き方の外に押しやるとは、彼から道徳的な要素をとり除き、非道徳的にふるまう人物として描写することである（以下の脱道徳家は、ここまでの無気力な印象を一変させ、放蕩者の体で描かれる）。¶4〜¶6では、脱道徳家が、道徳の基礎となる「自分と他人は同等である」といった理由づけ（「公平さ」や「普遍化可能性」という考え）を拒否する姿が描かれる。¶7でまとめの考察が与えられるので、そこまで一息に読み進めよう。

> [4] We might ask first what motivations he does have. He is indifferent to moral considerations, but there are things that he cares about, and he has some real preferences and aims. They might be, presumably, pleasure or power; or they might be something much odder, such as some passion for collecting things. Now these ends in themselves do not exclude some acknowledgement of morality; what do we have to leave out to represent him as paying no such acknowledgement? Presumably such things as his caring about other people's interests, having any inclination to tell the truth or keep promises if it does not suit him to do so, being disposed to reject courses of action on the ground that they are unfair or dishonourable or selfish. These are some of the substantial materials of morality. We should perhaps also leave out a more formal aspect of morality, namely any disposition on his part to stand back and have the thought that if it is 'all right' for him to act in these ways, it must be 'all right' for others to act similarly against him. For if he is prepared to take this stance, we might be able to take a step towards saying that he was not a man without a morality, but a man with a particular one.

consideration：思案・考慮、案件・考慮事項。what do we have to leave out

to represent him as paying no such acknowledgement?：what は leave out「〜をとり除く、除外する」（¶12 の have left ... と呼応）の目的語を問う。to represent ... は目的を表わす副詞的用法の to 不定詞句で述語動詞 have to ... を修飾。pay no such acknowledgement は「そうした（道徳の）承認をしようとしない」の意味。caring about other people's interests：interest はここでは「利益、利害、利害関心」。あとで、他人の利益・利害への配慮が道徳的なあり方の中核に据えられる（⇒ ¶14、¶15）。having ... inclination to, being disposed to：ともに「〜する傾向がある」。selfish：利己的な。道徳的でない（非道徳的）・道徳に反した（反道徳的）、ということを含意する。後出の self-interest(edly) といった表現で繰り返し言及される（⇒ ¶5、¶8、¶9）。a more formal aspect of morality：道徳にとって、その具体的内容以前に前提となる、自分と他人とを同等視する形式的側面のこと。¶6 では「想像上の普遍化（an imagined universalization）」として指されている。「公平さ（fairness）」（⇒ ¶4 の unfair、¶14、¶15）という考えと表すことは同じで、§2 の「往路」では、もっぱらこの道徳の基礎となる「理由」を脱道徳家が受け入れられるかが論点になる。stand back：身を引いて。自らの行為の是非を、他人が同じことをなしたときの是非と同等に考える視点に立つということ。all right：it is all right という英語の言い回しは、文脈に応じて、何かに対し、「いいですよ」「大丈夫だ」「問題ない」といった消極的な是認を表わす意味と、「立派だ」「申し分ない」といった積極的な賛辞を示す意味がある。次の ¶5 では前者の意味について、さらに非道徳的な用法と道徳的な用法との２つがあると言われる。脱道徳家に、他人のふるまいについて道徳的な用法で「大丈夫だ」と考える傾向があれば、自らのあり方と一貫しなくなってしまうのである。なお、この言い回しの中の right（正しい）は、wrong（不正な）と対比されて、道徳の規範性に深く結びついた含みをもつ。to act in these ways：この人物から形式的な側面「もとり除く（also leave out）」ことが考えられている箇所なので、前文の「道徳の実質的な素材の一部（some of the substantial materials of morality）」はとり除かれたあとである。よって、「道徳の実質的な素材をとり除かれた仕方で」ということ。against：「〜に対して」と訳すが、「反して」の意味も読みとれる。he was not a man without a morality, but a man with a

第4講

particular one：みんなが自分と同じように非道徳的にふるまってよいのだ（it must be 'all right' ... ）と思うとき、是認されることがら自体は独特ではあるものの、自分と相手との同等視という道徳の基礎にある考えをすでに受け入れている（と述べる段階にわれわれは近づける）、ということ。

【訳】われわれはまず彼に本当はどのような動機があるのかを問うてもよいだろう。彼は道徳的思案には無関心だが、関心をもつものごとはあり、何らかの本当の選好と目的をもっている。それらは喜びや権力かもしれない。もしくは、収集熱のような、もっと奇妙なものかもしれない。さて、これらの目的それ自体は、道徳がいくらか承認されていることを排除しない。すると、彼が道徳を認める気がないと説明するには何をとり除かないといけないのだろうか。おそらく、彼がほかの人たちの利益を配慮しているとか、自分に不都合だとしても真実を告げたり約束を守ったりする傾向にあるとか、一連の行為が不公平であったり不名誉であったり利己的であったりするがゆえにそれらを拒否する傾向にあるとかいったことであろう。これらは、道徳の実質的な素材の一部である。もしかしたら、道徳のもっと形式的な側面もとり除くべきかもしれない。すなわち、一歩引き下がって、もしこのように［非道徳的に］することが「大丈夫」ならば、ほかの人たちが自分に対して同様にすることも「大丈夫」なはずだ、と考えるような彼の傾向である。というのも、もしこの態度を彼が許容できるならば、彼のことを道徳を欠如した人ではなく、特殊な道徳をもつ人であったと述べる段階にわれわれは近づけるからだ。

[5] However, we need a distinction here. In one way, it is possible for a man to think it 'all right' for everyone to behave self-interestedly, without his having got into any distinctively moral territory of thought at all: if, roughly, 'it's all right' means 'I am not going to moralize about it'. He will be in some moral territory if 'all right' means something like 'permitted', for that would carry implications such as 'people ought not to interfere with other people's pursuit of their own interests', and that is not a thought

which, as an amoralist, he can have. Similarly, if he objects (as he no doubt will) to other people treating him as he treats them, this will be perfectly consistent so long as his objecting consists just in such things as his not liking it and fighting back. What he cannot consistently do is *resent* it or disapprove of it, for these are attitudes within the moral system. It may be difficult to discover whether he has given this hostage to moral argument or not, since he will no doubt have discovered that insincere expressions of resentment and moral hurt serve to discourage some of the more squeamish in his environment from hostile action.

self-interestedly：¶4のselfishと同義。moralize about：（何かを）道徳的にとり扱う、（何かについて）道徳を論じる。consistent：一貫している、矛盾していない。consistently, inconsistentといった派生表現とともにこのあと数段落で繰り返し登場するのは、脱道徳家というあり方と道徳的な主張や態度との矛盾する関係が注目されているから（⇒¶5、¶6、¶7）。consists: consist inで「本質的には〜から成り立つ、本質は〜にある」。resent：憤慨する。fighting back：反撃する。the moral system：道徳システム。制度や仕組みとしての道徳のこと。ウィリアムズはそれが特殊な義務を課す側面を問題視し、「奇妙な制度（peculiar institution）」と呼んで批判的に考察していく（⇒読書案内⑥）。has given this hostage to moral argument：これ（＝憤慨したり否認したりするときの自分の態度）を道徳的な議論に預けている・ゆだねている。give hostage(s) to fortuneで「運命に成功をゆだねる」の成句。hostageは「人質、抵当」。文の主旨は、脱道徳家が自らの態度を道徳的な議論によって正当化しようとしているかどうかはわからない、ということ。insincere：心を込めずに、不誠実に。道徳的な生き方をしている「ふり」や道徳的な態度をとった「ふり」をするだけで、道徳的領域にいる人たちをやり込めることが可能ということ。serve to:〜するのに役立つ。discourage：discourage A from Bで「AにBをやめさせる、思いとどまらせる」。squeamish：潔癖な、道徳に厳格な。hostile：敵対的な。

第4講

　論点は、利己的にふるまう脱道徳家が、自分の利己的なふるまいを他者に「正当化」したり、他人が自分のようにふるまうことに対して「憤慨」したり「否認」したりできるかにある。というのも、自分と同じようにふるまう他人のあり方に対して「大丈夫だ（it's all right）」と是認するとき、「他人の利害関心に立入るべきではない」という道徳的な主張をするように見えるし、逆にそのあり方に対して憤慨したり否定したりするときも、「そうすべきではない」という道徳的な主張をするように見えるからである。

【訳】しかし、ここで区別が必要になる。一方には、誰もが利己的にふるまうのは「大丈夫だ」と、確固とした道徳的思考の領域に立ち入らずに思考できる場合はある。簡単に言えば、「大丈夫だ」が、「それについて道徳を述べるつもりはない」というようなことを意味する場合である。［他方で］もしも「大丈夫」が「許されている」を意味するならば、こう言う人は道徳的な領域にいることになるだろう。というのもそれは、［誰もが利己的にふるまうのは許されている、ということになるのだから］「他人の自己利益の追求に介入すべきではない」といった含みがあり、これは脱道徳家がもちうる思考ではないからだ。同様に、自分が他人に接するようにして他人が自分に接してくることに反対するとしても（間違いなく彼はそうするだろう）、彼の反抗の内実が、それが嫌だからやり返すといったことしかない限り、彼は首尾一貫することになる。彼が整合的になしえないのは、それに憤慨したり、それを否認したりすることである。というのも、これらは道徳システム内の態度であるからだ。［しかし、］このとき彼がこれ（＝憤慨したり否認したりするときの自分の態度）を道徳的な議論にゆだねているのかどうかを明らかにするのは難しいかもしれない。なぜなら、憤慨や道徳上の被害を適当に表明しておけば、周囲のもっと道徳にうるさい人たちの一部に敵対行為を控えさせやすくなると、彼は間違いなく先に気づいてしまうからである。

> [6] This illustrates, as do many of his activities, the obvious fact that this man is a parasite on the moral system, and he and his satisfactions could not exist as they do unless others operated

> differently. For, in general, there can be no society without some moral rules, and he needs society; also he takes more particular advantage of moral institutions like promising and of moral dispositions of people around him. He cannot deny, as a fact, his parasitic position; but he is very resistant to suggestions of its relevance. For if we try saying 'How would it be for you if everyone behaved like that?' he will reply, 'Well, if they did, not good, I suppose—though in fact I might do better in the resulting chaos than some of the others. But the fact is, most of them are not going to do so; and if they do ever get round to it, I shall be dead by then.' The appeal to the consequences of an *imagined* universalization is an essentially moral argument, and he is, consistently, not impressed by it.

unless：哲学の文章では、この接続詞のあとに、主節で述べられた（否定的）事態を回避するための必要条件が示されることが多い（たとえば You can't pass the exam unless you read this book. は「この本を読まなければテストに受からない」で、つまり、テストに受かるためにはこの本を読む必要がある、ということ）。それゆえ当該の文の意味は、「彼の現状の満足にはほかの人たちが彼と別様にふるまっていることが必須だ」ということである。このパラグラフの最後の文にある「普遍化（universalization）」の論点につながっている。differently：in a manner different from him の意味。more particular：particular は「普通」と対比する形容詞がさらに強調されている。its relevance：it は彼の寄生的な立場（his parasitic position）で、そうしたあり方が、彼が満足を覚える利己的・非道徳的なあり方に関与していること。脱道徳家は、自分の満足のいく非道徳的なあり方を体現できるのは道徳的な制度やほかの人たちの道徳的なあり方があるからだと自覚しているが、それを指摘されたがらない（is very resistant to）のである。その理由は次の For 以下の脱道徳家との問答の中で示されているが、要点が見えにくい。指摘を拒否する理由を2つ読みとってほしい。1つは ¶5 で述べられたことで、そ

の事実を指摘されれば、自分が他人にするのと同様に他人がふるまうことによって、脱道徳家自身にとっておそらく好ましくない結果になること（⇒¶5のSimilarly...）も指摘され、さらにそれゆえに自分の利己的なあり方を控えるように、ほかの人から指摘されるだろうからである。もう1つは、¶4のformal aspect of moralityに関わっており、自分と他人とを同一視する形式をとる「普遍化」の想定がきわめて道徳的な思考法であり、脱道徳家の定義上、彼はそれをやりたがるはずがないからである。自分のあり方の非難につながるような指摘は嫌だ（拒否理由1）が、そこで使われる論法からして嫌だ（拒否理由2）というのが「指摘」を拒む理由である。if we try saying ... の「われわれ」の側からの発言は、拒否理由1の「嫌さ」につながる脱道徳家への批判を意図しているが、彼にとってはその論法から嫌なのである。パラグラフ末尾の一文はそのことを述べている。an imagined universalization：二文前の'How would it be for you if everyone behaved like that?'の部分に対応するが、内容的には¶4後半からここまで考察してきたことがらである。ある見解や主張や規則が「道徳的な」ものであるために提示される1つの基準に、それらが特定の人や特定の状況ではなく、あらゆる人やあらゆる状況にあてはまるものでなければならない、という考えがある。歴史的にはカントの「定言命法」の考察に遡るが、もっかのポイントは、「誰にでも・どんな場合でもあてはまる」という形式を満たすと想像できること（普遍化可能性）によって、道徳を基礎づけようとするところにある。イタリックは、脱道徳家がそうした「想像」を拒むことが注目されているから。consistently：ウィリアムズは道徳的要求が各自の欲求と整合することを重視するが、その背景には、個人の内部での「一貫性、誠実さ（integrity）」への重視がある。

【訳】ほかの彼の大半の行為と同じく、以上のことは、この人物が道徳システムに寄生しており、彼と彼の満足は、ほかの人たちが［彼と］別様にふるまわない限りは、現にあるかたちではありえないという明白な事実を示している。というのも、一般に何らかの道徳規則をもたない社会はありえないし、彼は社会を必要としているからである。さらに、約束のような道徳制度や、周囲の人々の道徳にかなった傾向を、かなり特殊なかたちで利用している。じっさい彼は自分の寄生的

な立場が事実ではないと否定することはできない。だが、彼はその（＝寄生的な立場の）関与を示唆されることをかたくなに拒む。というのも、もし「みんなが君のように行動すれば君の状況はどうなっているだろう」と試しに言おうものなら、きっと次のように答えるからだ。「うん、彼らがそうするのはよくないと思う。もちろん、結果的に無秩序になっても僕のほうがうまくやれる人もいるだろうけどさ。だけどじつのところ、たいていの人はそうしないだろうね。万が一にも彼らが僕みたいにやろうと思い始めるようなことがあるとしても、それまでに僕の寿命は尽きているだろう。」想像上の普遍化から得られる帰結に訴えることは本質的に道徳の議論であり、一貫して彼はその議論に心を打たれないのである。

　¶4～¶6の普遍化可能性に関する考察を受けて、次のパラグラフでは、脱道徳家は「自分はほかの人より優れている」という考えをもてないことが確認される。

[7] In maintaining this stance, there are several things he must, in consistency, avoid. One—as we noticed before, in effect—is any tendency to say that the more or less moral majority have *no right* to dislike him, reject him, or treat him as an enemy, if indeed they are inclined to do so (his power, or charm, or dishonesty may be such that they do not). No thoughts about justification, at least of that sort, are appropriate to him. Again, he must resist, if consistent, a more insidious tendency to think of himself as being in character really rather splendid—in particular, as being by comparison with the craven multitude notably courageous. For in entertaining such thoughts, he will run a constant danger of getting outside the world of his own desires and tastes into the region in which certain dispositions are regarded as excellent for human beings to have, or good to have in society, or such things; and while such thoughts need not lead directly to moral considerations, they give a substantial footing to them, since they immediately invite questions

第4講

> about what is so good about those dispositions, and it will be difficult for him to pursue those questions very far without thinking in terms of the *general* interests and needs of his fellow human beings, which would land him once more back in the world of moral thought from which he is excluding himself.

right：権利。イタリックで¶4から続くrightとの連関が強調されており、「正当性」という含意もとらえること。are inclined to：〜する傾向がある、〜したくなる（⇒¶4のinclination）。justification：正当化。何かが正当である、と言うとき、その正しさ（justice）をもちだすことになり、すでに道徳的領域に立ち入ってしまう。Again：¶6末尾の「一貫性」に関する主張が繰り返されていることを示す。insidious：人を騙すような、陰険な、欺瞞に満ちた。the craven multitude：臆病な大衆たち。excellent for human beings：（何かが）人間にとって素晴らしい、優れている。footing：基礎、土台。in terms of：〜の観点から、〜に関して。「誰かの利益や必要性の観点から考える」というのは、¶4で登場した「誰かの利益を配慮する」という論点で、あとで重要になる（⇒¶14、¶15）。

【訳】この［利己的な］あり方を保つには、彼が一貫して避けなければならないことがいくつかある。1つは、先に確認したことと実質的には同じなのだが、いくらか道徳的である大半の人々が、彼を嫌ったり、彼を拒んだり、彼を敵視したりしたくなったとき（ただし彼の能力や魅力や不誠実さが彼らの対象でなくてもよい）、「彼らにそうする権利はない」と言いたくなる衝動である。少なくともその種の正当化について考えることは、どんなかたちであれ彼にはふさわしくない。ここでも、もし一貫しているとすれば、自分が本当は非常に優れた特徴をもつと——とりわけ、臆病な大衆と比べれば自分は傑出して勇敢なのだと——考えたくなるかなり陰険な性向に耐えなければならない。というのも、そうした考えをもつとき、彼自身が望んだり好んだりする世界から抜けだして、特定の傾向を、人間がそれをもつことが素晴らしいだとか、社会の中でそれをもつのがよいだとかみなす領域に立ち入る危険をつねに冒しているからだ。そして、こうした［自分

はほかの人より優れているという］思考はすぐに道徳的な思案につながらないとしても、道徳的な思案への確固とした土台を与えている。なぜなら、この種の思考はそうした傾向のどこがそれほどよいのかという問いをじかに招き、この問いをずっと掘り下げて探求するさい、彼が肩を並べる人間たちの一般的な利益や必要性の観点から考えなければ探求が非常に困難になってしまうからである。こうしたことがらは、彼が自らを切り離そうとした道徳的思考の世界へと再び連れ戻すのである。

「自分はほかの人より優れている」という考えについて論じたあと、次のパラグラフでは「自分は勇敢である」という類似の考えを脱道徳家がもつことの危険性が指摘される。

[8] The temptation to think of himself as courageous is a particularly dangerous one, since it is itself very nearly a moral notion and draws with it a whole chain of distinctively moral reflections. This man's application of the notion will also have a presupposition which is false: namely, that the more moral citizens would be amoral if they could get away with it, or if they were not too frightened, or if they were not passively conditioned by society—if, in general, they did not suffer from inhibitions. It is the idea that they are afraid that gives him the idea of his own courage. But these presuppositions are absurd. If he means that if as an individual one could be sure of getting away with it, one would break any moral rule (the idea behind the model of Gyges' ring of invisibility in Plato's *Republic*), it is just false of many agents, and there is reason why: the more basic moral rules and conceptions are strongly internalized in upbringing, at a level from which they do not merely evaporate with the departure of policemen or censorship neighbours. This is part of what it is for them to be moral rules, as opposed to *merely* legal requirements or matters of social convention. The effects of moral

第4講

> education can actually be to make people *want* to act, quite often, in a non-self-interested way, and it often succeeds in making it at least quite difficult, for internal reasons, to behave appallingly.

courageous：勇敢な。notion：考え、発想、観念。the more moral citizens would be amoral：二段階の仮定法の条件を受ける帰結節として理解する。後続する4つの if 節を条件節とする仮定法の帰結節になっているが、主語の the more moral citizens の部分も「道徳的な市民であればあるほど~だろう」という別の条件として、述語の would be amoral の部分と呼応している。「自分は勇敢だ」と主張する脱道徳家の目には、道徳的な市民は社会に馴致されてしまっており、それゆえにむしろ非道徳的な存在として映るのである。inhibitions：抑圧。It is the idea that they are afraid that gives him the idea of his own courage.：「自分が勇敢だという考えを彼に与えるのは…という考えだ」という強調構文。these presuppositions：前文の that they are afraid を指示するものと読みたくなるが、presuppositions と複数形になっており、前々文で並列された4つの if 節を指していることに注意。as an individual one could be sure：「一個人として確信する」とは、他人の考えとは独立に確信するということ。getting away with it：get away with は「~をうまくやる、~の罰から逃れる」。文字通りには「~をもって逃げ去る」というニュアンスなので、通常は罰せられること（it）を罰せられずにうまくやる、ということ。Gyges' ring of invisibility in Plato's Republic：神話に登場する姿を消すことのできる指輪で、『国家』第2巻でグラウコンが、「悪行に対する社会的制裁が存在しているがゆえに人は道徳的なのであり、社会的制裁がなければ人は道徳的にふるまわないのだ」という見解を述べるさいに援用する。直後の、policemen or censorship neighbours から離れても道徳は存在するか、という論点に対応。upbringing, at a level from which：コンマは、at a level の修飾するものが、直前の upbringing ではなく are strongly internalized であることを明示するための区切り。関係詞節の内容を、先行詞の a level を that level にして復元すれば、they do not merely evaporate from that level with the departure of policemen or censorship neighbours（警官や監視する隣人たちから離れることになって

も、それら（＝道徳規則や道徳的思考）がその水準からただ消え去ってしまうことにはならない）、となる。末尾の with the departure of ... は、「警官や監視する隣人から離れても」のように、they do not merely evaporate を強調するための譲歩として理解できる。internalized：internalize は「内面化する、内在化する」。日常的には「社会的影響や教育などによって、規律や慣習などを自己の一部にする」という意味。ウィリアムズの文脈に即して言い換えると、道徳規則や道徳的な考えを当人の動機と結びつけること、つまり、当人がそれらをやりたくなるようにしておくこと、という意味にもなる（直後の internal reasons と関連）。what it is for them to be moral rules, as opposed to *merely* legal requirements or matters of social convention：この関係詞節は形式主語 it で始まり、「それら（＝内面化された基礎的な道徳規則や道徳的思考）が道徳規則であるとはいかなることか」が直訳。as opposed to ... は to be moral rules を修飾する副詞句。make people *want* to act：want が強調されているのは、道徳教育が人を道徳的にふるまいたくさせるものかどうかが論点だから。in a non-self-interested way：利己的でない仕方で。for internal reasons：内面の理由に従って、内面の理由から。internal は「内部の、内面の」。internal reason は後年ウィリアムズが主題的に論じたことからテクニカルタームとなっていく言葉で、現在は「内的理由」が定訳（対比語は external reason で「外的理由」が定訳）。行為者を動機づける理由のことで、自分の外にある制約からではなく、自分の内側の衝動から人が何かをやろうとするときに抱いている理由のことを指す（⇒ Box1）。to behave appallingly：ぞっとする仕方でふるまう（⇒ ¶13 の appa(l)l）。to 不定詞の主語は省略されているが、前方の people。

この段落での脱道徳家と著者のやりとりを整理しておくと次のようになる。
　脱道徳家：「私は勇敢だ」
　　　　＋背後にある考え：「たいていの人は臆病だから道徳に従う」
　　　　　↑
　ウィリアムズ：「この考えは誤り。道徳は育成過程で内面化させておける」

【訳】自分が勇敢だと考えたくなる衝動はとりわけ危険である。それ自体が道徳的な発想と紙一重であり、紛れもなく道徳的な反省の連鎖をまるごと呼び起こすからだ。この人物によるこの［自分が勇敢であるという］発想の用い方にも、誤った前提があるだろう。つまり、うまくやり逃げられたならとか、あまり臆病でなかったならとか、社会から一方的に条件づけられていなかったならとかいった、抑圧を受けていると大まかに言える状況になかったなら、道徳的な市民であればあるほど非道徳的になるだろう、という前提である。自分が勇敢だと彼が考えるのは、彼ら（＝道徳的市民たち）は臆病であると考えるからである。だが、こうした諸前提はばかげている。もし彼の意味することが、うまくやり逃げできると自分なりに確信できる人であればどんな道徳規則も破るだろうということ（プラトンの『国家』の中に登場する、姿を隠すことのできるギュゲスの指輪のモデルの背後にある考え）ならば、それは多くの行為者についての誤りでしかない。なぜなら、より基礎的な道徳規則や道徳的な思考は、警官や監視する隣人たちがいなくなってもそこからただ消え去ってしまうことにはならないくらいの水準で、強く育成過程で内面化されているからである。このことは、それらがただの法の要請や社会慣習の事柄とは違って道徳規則である、ということの意味に含まれている。道徳教育の効果は、かなりの頻度で利己的にならないように行為したくなるように人々を現に仕向けることでありうるし、現にしばしばそれ（＝道徳教育）は、内面の理由からのぞっとするようなふるまいを、（人々に）少なくともだいぶやりづらくさせることに成功している。

Box 1 「内的理由」と「外的理由」

　ウィリアムズは 1980 年の論文 "Internal and external reasons" で、何かが「理由」であるためには、行為者の動機との結びつきが必要であると主張した。「理由」とは個々人の行為を説明するものであり、個別状況で当人がそうすることを正当化するものなのだから、それは当人にとっての理由、すなわち、当人を内側から動機づけている理由でもあるはずだと彼は考えるからである。よってウィリアムズにとっては、誰かに何かをする理由があることは、その人にそうしたくなる理由があることに等しい。この見解を彼は「理由に関する内的解釈」と呼び、この解釈の

もとでの理由を「内的理由」と呼んだ。彼の主張の1つの影響は、「道徳的理由」の身分について論争を招いたことである。たいていの人にとって、「君には…する理由がある」といった形式で誰かに何かを命じる道徳的理由は、当人がしたいことを命じるわけではないが、しかし、1つの理由を提供していると思われるだろう。それは言い換えると、道徳的理由を、行為者の動機と必ずしも結びついていない理由、すなわち、「外的理由」と思っているということである。だが、この感覚に反し、「理由」一般を内的解釈に立ってとらえるウィリアムズにとっては、道徳的理由も、理由である限りは行為者当人にとっての理由、つまり当人をそうしたくさせる「内的理由」でなければならないのである。たとえ「私は…すべきだ」という道徳的な判断をしても、それに当人が動機づけられない限り、その人にそうする理由はないし、その人に対して言われる「君には…する理由がある」という発言も空虚なものだと彼は考えるのである。こうしたウィリアムズの見解は大きな論争を呼ぶことになったが、行為の説明にとって理性よりも動機の役割を重視したヒューム（David Hume）の見解に親近しており、また、普遍的な理論や原理に反感を覚え、個々人の内面に目を向ける彼の倫理学的態度をうかがわせるものである。

次のパラグラフでは、前パラグラフで提出された著者の考えに対する脱道徳家からの反論と、さらにそれに対する著者からの再反論が提示される。

[9] But this, he will say, is just social conditioning; remove that, and you will find no moral motivations. —We can reject the rhetoric of the word 'conditioning'; even if there were a true theory, which there is not, which could explain all moral and similar education in terms of behaviourist learning theory, it would itself have to explain the very evident differences between successful and intelligent upbringing, which produces insight, and the production of conditioned reflexes. Then let us say instead that all moral

> motivation is the product of social influences, teaching, culture, etc. It is no doubt true. But virtually everything else about a man is such a product, including his language, his methods of thought, his tastes, and even his emotions, including most of the dispositions that the amoralist sets store by. — But, he may say, suppose we grant that anything complex, even my desires, are influenced by culture and environment, and in many cases produced by these; nevertheless there are *basic* impulses, of a self-interested kind, which are at the bottom of it all: these constitute what men are *really* like.

remove that：「それをとり除く」とは、社会的条件づけをとり除けば、ということ。脱道徳家は、社会的条件づけによって道徳的な動機が生みだされたと考えたとしても、その条件づけがなければ道徳的な動機が形成される要因はないと指摘する。We can reject the rhetoric of the word 'conditioning';：前文で述べられた脱道徳家の指摘を受けたうえで、セミコロンに続いて著者自身の見解が提示される。behaviourist learning theory：行動主義的習得理論。心の内面を認めず、外的環境に対する身体反応の観点から習得を扱い、「パブロフの犬」のような「条件づけ」を重視する理論。the very evident differences between ... conditioned reflexes：between の目的語は、successful and intelligent upbringing, which produces insight と the production of conditioned reflexes の２つの名詞句で、うまく育成を行って洞察が生みだされることと、条件反射が形成されることとが対比されている。reflexes は「反射運動」。ウィリアムズのここでの指摘は、人の道徳的な動機の習得を社会的「条件づけ」として説明しようとしても、「知的育成によって洞察が形成されること」がじっさいあり（⇒ ¶8 の The effects of moral education ... ）、それこそ「条件づけ」が説明対象とした「道徳的な動機（の習得）」に実質を与えているものなのだから、「洞察の形成」について反射運動と区別されたかたちで説明を与える必要が残されている、といったこと。virtually：事実上、現実には。set store by：重視する。

脱道徳家 vs 人間らしさ

　ここで著者と脱道徳家の対立は、人の道徳的な動機（道徳的にふるまう動機）の出自をめぐって生じている。著者の提案は、道徳的な動機は、社会的「条件づけ（conditioning）」によって形成されるとは言えないものの、すべて社会的影響（social influences）によって形成されると言えるかもしれない、というものである。しかし、それに対して脱道徳家はもう一段深いところから反論する。それは、「道徳的動機は社会的影響によって形成されるのかもしれないが、それでも、人間はもともと利己的で非道徳的なあり方をしていると言えるかもしれないではないか」という反論である。

　【訳】しかし、これはただの社会的条件づけにすぎない、と彼は言うだろう。それをとり除けば道徳的な動機はまったく見つからないのだ、と。――［だが、］「条件づけ」というレトリックを拒否できるのだ。というのも、たとえ、道徳教育やそれに類する教育をすべて行動主義的習得理論によって説明できてしまう真なる理論というものが、現実に存在はしないが仮にあるとしても、それ自体が、うまくいった知的育成によって洞察が形成されることと、条件づけによって反射運動が形成されることとの明瞭な違いを説明しなければならなくなるだろうからだ。そこで、［道徳的動機が社会的条件づけの産物であると言う］代わりに、すべての道徳的動機が社会的影響や教育や文化などの産物であると言うことにしよう。これは間違いなく真である。しかし、そのほかの（＝道徳的動機以外の）人間に関するほとんどすべてのことは、そうした［社会的影響の］産物なのである。そこには、人のもつ言語も考え方も好みも、感情までもが含まれる。つまり、脱道徳家が重視する大半の傾向が含まれるのである。――だが、彼はこう言うかもしれない。「複雑なものは何であれ、私の欲求でさえも文化や環境による影響を受け、たいていそれらによって産みだされるのだと想定してほしい。それでも利己的なかたちの、つまり、すべての基底にあるような、基礎的な衝動が存在していて、それらによって本来の人間らしさが形作られるのだ」と。

　これが、¶8の「自分は勇敢」発言の裏づけとして脱道徳家の側から提出される言い分である。彼は「人間の本来の姿は利己的で、利己心のままふるまう自分こそ勇敢であり、ほかの人は臆病だからそうしないのだ」と主張する。

そこでウィリアムズは、「人間とは本来は〇〇である」というかたちの命題の身分を検討する方向へと舵をとる。その検討の中で、「人間らしさ」という本テキストの「折り返し点」が浮上してくる。

脱道徳家 vs 人間らしさ

§ 3

次の段落で、「人間とは本来はどのようなものか」という問いに答えることの難しさが確認される。

> [10] If 'basic' means 'genetically primitive', he may possibly be right: it is a matter of psychological theory. But even if true in this sense, it is once more irrelevant (to his argument, not to questions about how to bring up children); if there is such a thing as what men are *really* like, it is not identical with what very small children are like, since very small children have no language, again, nor many other things which men really have. If the test of what men are *really* like is made, rather, of how men may behave in conditions of great stress, deprivation, or scarcity (the test that Hobbes, in his picture of the state of nature, imposed), one can only ask again, why should that be the test? Apart from the unclarity of its outcome, why is the test even appropriate? Conditions of great stress and deprivation are not the conditions for observing the typical behaviour of any animal nor for observing other characteristics of human beings. If someone says that if you want to see what men are *really* like, see them after they have been three weeks in a lifeboat, it is unclear why that is any better a maxim with regard to their motivations than it is with regard to their physical condition.

genetically primitive：種にとって原初的。コロンのあとで、人間という生物種に原初的なことであれば、哲学・倫理学の問題ではなく心理学の問題だ、と続けられる。once more：前パラグラフ¶9の「条件づけ」の指摘と同じく、主題と無関係ということ。the test that Hobbes ... imposed：トマス・ホッブズは英国の哲学者で、著書『リヴァイアサン』にて、社会秩序が成立する仕組みを論じた（社会契約論と呼ばれる議論の一種）。そこでは、自然状態（the

第4講

state of nature）での人間は自己保存の衝動に突き動かされる生き物で、資源の稀少性がある現実世界では闘争状態が不可避であっただろうとの想定から考察がなされている。maxim：原理、行動原則、格言。

【訳】もし「基礎的」が「種にとって原初的」を意味するならば、彼（＝脱道徳家）はひょっとしたら正しいのかもしれない。これは心理学的理論の扱うことがらである。だが、たとえこの意味で真であるとしても、これもまた無関係なのである（ただし、彼の議論と無関係なのであって、子どもの育て方とは無関係でない）。もし、人間が「本来は」どのようなものであるのかといったこと［の答え］があるのならば、それは、乳幼児がどのようなものであるのかといったこと［の答え］と同一ではない。乳幼児は言語をもたないし、そのほか多くの、人間が本来もっているものももたないからだ。［また、］もしも人間が「本来は」どのようなものであるのかを調べる検査が、むしろひどい重圧や喪失感や恐怖の状況下で人間がどうふるまうだろうかという問い（ホッブズが自然状態の描写の中で課したテスト）から形成されたならば、なぜ当の検査がこれでなければならないのかと問い返すしかない。その結果の不明瞭さは置いておくとしても、そもそもなぜこの検査が適切［な検査］なのだろうか。ひどい重圧や喪失や欠乏などに服した状況は、動物の典型的なふるまいを観察するのに適した状況でもないし、人間がもつそれとは別の特徴を観察するのに適した状況でもない。人間が本来どのようなものなのかを見たければ救命艇で三週間過ごした人たちを見ればよいと言う人がいるとしても、なぜそれ（＝そこで観察されること）が、彼らの身体状態に関してよりも動機の方に関してましな原理になるのかははっきりしない。

　「人間とは本来はどのようなものか」を問うにしても、「人間の本来のあり方」の意味からして特定が難しい。生物種としての人間を考えるならば、およそ「人間の本来のあり方」などもつはずのない乳幼児までも対象に含めてしまう。極限状態においた人間を観察するにしても、それは異常時の特殊な現象や、身体状態にもっぱら関わる事実が示されるだけかもしれない。そこで著者は次のパラグラフで、答えが望めるかたちに問いを立て直していく。

> [11] If there is such a thing as what men are *really* like, it may be that (in these sorts of respects, at least) it is not so different from what they are *actually* like; that is, creatures in whose lives moral considerations play an important, formative, but often insecure role.

in these sorts of respects：前パラグラフ¶10でとりあげた、「人間とは本来はどのようなものか」の問いへの答え方の観点に立つと、ということ。その観点に立つと、少なくとも、人間の本来のあり方を見ることは、人間の現実のあり方を何らかの状況のもとで見直すことかもしれない、ということ。
formative：構成的。¶9末尾のconstituteに対応。何かが成り立ったり、維持されたりするためになくてはならないもの、という意味。ここでは人間という生き物が成り立つためには道徳的思案が必要だ、という意味。

【訳】もし、人間とは「本来は」どのようなものか、といったこと［の答え］があれば、（少なくともこうした観点に立つと）それは人間とは「現実に」どのようなものか、といったこと［の答え］と、大差ないと言えなくもない。つまり、それが営む生において、道徳的思案が重要で構成的な役割を果しているが、それはたいてい不安定な役割でもあるような生き物であると言えなくもない。

¶9の脱道徳家の「人間とは本来は利己的なのだ」という主張を受けて、ウィリアムズは、人間が「本来は」どんなものか（の答え）は、人間が「現実に」どんなものか（の答え）と一致するのかもしれない、と言う。問いの立て直しを宣言するこの一文は、著者のこの先の議論の布石となっている。人間には道徳的思案の「不安定な役割（insecure role）」しか見いだせないが、しかし、道徳的思案をたびたび行っているのは事実である。その点で、人間は道徳的な生き方を部分的にもつものとして考えられる。そうであれば、「人間であること」に注目することで、間接的ながら道徳的な生き方をとり扱うことができるだろう。このようにウィリアムズは考え、「道徳的に生きること」の問題を、「人間らしくあること」ということがらによって扱おうとする。つまり、次のような考え方がとられている。

第 4 講

道徳的である≒人間らしい

これは便宜的な表記であり、2つの項を結ぶ関係は正確には類似性ではない。比喩的に言えば、何かを見つめる視線を少し遠いところに移したときの「見え」の関係に近い。ある対象に注がれた視線を少し遠方にずらし、その対象を含めたより広い範囲を視野に収めたときの、2つの見えの関係である。かつて注視されていた対象は、より深層に視線を向けたとき、ぼんやりと視野の中に収まっている。同様に、道徳的な生の領域は、人間の現実のあり方という別の層の事実に目を向けたとき、ぼんやりとではあるが確かに視野に収まっている。

こうした言わば視線変更による対応がとられるのは、道徳的な生の領域画定をウィリアムズはあらかじめ回避しているからである。道徳的であるとはいかなることかを特徴づけようとすれば、「理由づけ」や「道徳原理」に訴えることになるが、それでは人間の生き方を覆い尽くせないと彼は考えている（⇒ §1）。他方で、本パラグラフで指摘されたように、われわれ人間が不安定ながらも道徳的な生を営んでいるという現実がある。そうであれば、ウィリアムズにとって道徳的な生を扱うには、それ自体を扱うのではなく、人間の現実のあり方に目を向け、そこで観察されるものから出発するという方策をとるのが望ましい。「人間の本来のあり方＝人間の現実のあり方」という本パラグラフの問いの立て直しは、この方策のための布石なのである。

もちろん、問いの立て直しと視線変更によるこの対応は、当座の「人間とは本来は利己的なのだ」という主張への応答として十分なものである。現に人間は道徳的であるのだから、脱道徳家の主張は一蹴されるだろう。そして、当初の「第二の意味」での脱道徳家からの問いへの対応としても有効であることが ¶13 で示唆される。ひとまず、ここでの提言の主旨を確認したうえで先に進もう。次のパラグラフでは、¶7 の脱道徳家からの挑戦にあらためて応答が考えられる。

[12] The amoralist, then, would probably be advised to avoid most forms of self-congratulatory comparison of himself with the rest of society. The rest may, of course, have some tendency to admire

脱道徳家 vs 人間らしさ

> him, or those may who are at such a distance that he does not tread directly on their interests and affections. He should not be too encouraged by this, however, since it is probably wish-fulfilment (which does not mean that they would be like him if they could, since a wish is different from a frustrated desire). Nor will they admire him, still less like him, if he is not recognizably human. And this raises the question, whether we have left him enough to be that.

then：¶7 から続けられていた、「私は優れている」とか「私は勇敢だ」と言う脱道徳家の考察に戻る。forms：態度、姿勢。self-congratulatory：自賛的な。those may who are at such a distance that he does not tread directly on their interests and affections：主語 those を、長めの関係詞節 who are ... affections が修飾しており、述語が直前と同じ may (have some tendency to admire him) になっている。tread on は「～を踏みつける」。wish-fulfilment：「願望充足」は精神分析の用語で、一般に、現実には実現不可能な願望を充足しようとして無意識のうちに夢の中で生じる代替現象を指す[4]。利己的にふるまう脱道徳家を賞賛する傾向をもつ人たちがいるとしても、それは自分が脱道徳家のようになりたいと思っているわけではなく、自分たちの代わりにそうしているのを見て賞賛するだけである。he is not recognizably human：「はっきりとしたかたちで人間的でない」が直訳。have left him enough to be that：それであるのに十分なものを残しておく。「往路」開始時の ¶4 における leave out（とり除く）に呼応。

【訳】すると、おそらく脱道徳家は、自分と社会のほかの人たちと比べて自賛するような大半の態度を避けるように助言されるだろう。もちろん、社会のほかの人たちは彼を賞賛する傾向をいくらかもっているかもしれないし、彼に利益や気分をじかに害されない程度に距離をとっていた人たちもそうかもしれない。しかしこのことは彼にとってさほど励みにはならないはずだ。たいていそれは願望

4　フロイト、『精神分析入門（上）』（高橋・下坂訳、新潮文庫、1977 年）、第 14 講などを参考のこと。

充足であるからだ(それは、できることなら彼らは彼のようにしているだろう、ということを意味しないのである。というのも、願望とは満たされていない欲求ではないのだから)。もし彼が人間的だと認識できなければ、彼らは彼を賞賛しないだろうし、ましてや好みもしないだろう。そしてここから、われわれは彼にそうあるために十分なものを残しておいたのかという問いがもちあがる。

　ここまでの議論から、一貫性を保とうとする限り脱道徳家には他人と比較して自賛することは無理なことが結論された。代わりにほかの人から賛辞を受けようとしても、そのとき彼は人間らしくなければならないだろう。そこで著者は、脱道徳家と人間らしくあることとの関係を気にかける。次のパラグラフでは、脱道徳家が、「人間らしくないもの」と対比されながら、「人間らしさ」に包摂されていく。そのさい、「人間らしさ」の１つの条件が提示されていることも読みとろう。

---

[13] Does he care for anybody? Is there anybody whose sufferings or distress would affect him? If we say 'no' to this, it looks as though we have produced a psychopath. If he is a psychopath, the idea of arguing him into morality is surely idiotic, but the fact that it is idiotic has equally no tendency to undermine the basis of morality or of rationality. The activity of justifying morality must surely get any point it has from the existence of an alternative—there being something to justify it *against*. The amoralist seemed important because he seemed to provide an alternative; his life, after all, seemed to have its attractions. The psychopath is, in a certain way, important to moral thought; but his importance lies in the fact that he appals us, and we must seek some deeper understanding of how and why he appals us. His importance does not lie in his having an appeal as an alternative form of life.

---

sufferings or distress：苦痛や苦悩。psychopath：精神病者、変質者。idiotic：

ばかげている。but the fact that it is idiotic has equally no tendency to undermine the basis of morality or of rationality：変質者に道徳的な生き方を説得するのは無理なので、そうしようと考えるのはばかげているが、その説得が無理だからといって道徳の基礎が崩されるわけでもない、ということ。なぜなら変質者はおそらく脱道徳家以上に「理由づけ」や「説得」が無効な相手だからである。undermine は「（掘り）崩す、浸食する、弱める」。get any point it has from：～からそれのもつ得点を奪う。alternative：選択肢、代替物。there being something to justify it against：it は morality。直訳は、「それに対抗して道徳が正当化されるべき何かが存在すること」。appal：appall「ぞっとさせる」と異綴同語（⇒ ¶8 の appallingly）。His importance does not lie in his having an appeal as an alternative form of life.：脱道徳家はそれなりに1つの魅力的な生き方のモデルを提示していたが、他人をまったく配慮しない変質者はそうではない、ということ。なお、「生活形式 (form of life)」とは、ウィトゲンシュタインがわれわれの言語実践を描写するさいに用いた概念で、人々が根本的なところで受け入れており、無根拠に一致してしまっているあり方のことを指す。われわれにとって、脱道徳家は1つの別の生活形式を提示しているが、他人への配慮を欠いた変質者はそうではなく、かなり離れたところにいる。

【訳】彼は誰かのことを気にかけることがあるのだろうか。誰かが苦痛や苦悩をもっていることが、彼の琴線に触れることがあるのだろうか。ここで「ノー」と言えば、あたかも変質者を誕生させるようなことになる。もし彼が変質者であるならば、彼を説得して道徳の内側に包摂しようと考えるのがばかげているのは確かだが、しかし同時に、それがばかげているという事実によって、道徳や合理性の基礎が崩される気配もない。道徳を正当化する行為は、確かに別の選択肢の存在――道徳がそれに対抗して正当化されるべきものの存在――から少しでも得点を奪わなければならない。脱道徳家が重要に見えたのは、彼がその選択肢を与えるように見えたからである。彼の人生は、詰まるところそうした魅力をもつかのように見えたのである。[他方で、]かの変質者は、ある意味では道徳的思考にとって重要である。ただし、彼の重要性は彼がわれわれをぞっとさせるという事実の

中にあり、そして彼がわれわれをぞっとさせる仕組みや理由についてさらにいくらか掘り下げた理解に努めなければならない。彼（＝変質者）の重要性は、ありえた別の生活形式としての魅力をもつという点にはないのである。

　脱道徳家と変質者との対比によって、「人間らしさ」ということがより具体的に確かめられる。当初の脱道徳家から他人を配慮する能力を消去したものが、「変質者」である。どちらも道徳の基盤を揺るがす存在だが、脱道徳家は「別の生活形式としての魅力をもつ」のに対し、変質者はそうした魅力はもたないと言われている。脱道徳家は道徳の外で生を営む可能的なあり方をわれわれに示すが、変質者はわれわれとは異なる生き方をしているのである。
　ここで¶11で提示された方策が脱道徳家への対応として有効なこともわかるだろう。彼は道徳の外側に立ち、道徳の理由づけも無効だったが、それでもわれわれに別の生き方を示すような存在である。それゆえ道徳の「理由」はわからなくても、彼は人間らしくはなれる。ここにウィリアムズは自らの具体的課題——道徳的に生きることの意味と魅力を脱道徳家にわからせるような方法や仕組みを見つけること——を遂行するための手がかりを見いだしている。その「仕組み」は、道徳的な生き方をわれわれ人間にとっての１つの要素としてとらえ、「人間らしさ」に視線を向けることで見つけられると彼は考える。
　さらにこのパラグラフでは、前パラグラフ¶12の末尾の、「脱道徳家を人間らしくしていたのか」という疑念を受けて、「脱道徳家を人間らしくすることで彼に道徳的な生を回復できるだろう。そしてそのためには、他人に対する配慮が必要であろう」という見解が示されている。¶11の図式に則せば、もっかの著者の見解はこのようになる（矢印は必要条件を示す）。

（道徳的である≒）人間らしい⇒他人を配慮する

　次のパラグラフからは、この見解に基づいて脱道徳家を「人間らしい」生き方のうちに取り込む作業が行われ、「第二の意味」で問う脱道徳家を救うような方法や仕組みが描かれていく。それができれば、道徳的な生き方を部分とするような「人間らしい」生き方の魅力を回復させ、「人間らしさの敗北」（⇒¶3）を回避することも望めるだろう。

脱道徳家の想定を介して道徳の限界を精査してきたウィリアムズの考察は、以上を「往路」とし、この先が「復路」ということになる。そしてその折り返し点は、「人間らしさ」である。

§ 4

次のパラグラフで、脱道徳家に最低限の道徳的配慮を与える要素が検討される。

> [14] The amoralist we loosely sketched before did seem to have possibly more appeal than this; one might picture him as having some affections, occasionally caring for what happens to somebody else. Some stereotype from a gangster movie might come to mind, of the ruthless and rather glamorous figure who cares about his mother, his child, even his mistress. He is still recognizably amoral, in the sense that no general considerations weigh with him, and he is extremely short on fairness and similar considerations. Although he acts for other people from time to time, it all depends on how he happens to feel. With this man, of course, in actual fact arguments of moral philosophy are not going to work; for one thing, he always has something he would rather do than listen to them. This is not the point (though it is more of a point than some discussions of moral argument would lead one to suppose). The point is rather that he provides a model in terms of which we may glimpse what morality needs in order to get off the ground, even though it is unlikely in practice to get off the ground in a conversation with him.

The amoralist we loosely sketched before did seem to have possibly more appeal than this：¶13 で想定された、他人を配慮しない「変質者」は、われわれの生き方の選択肢としての魅力をもたなかったが、もともと想定された脱道徳家は、われわれの生き方の１つの選択肢としての魅力をもっていた、ということ。the ruthless and rather glamorous figure：冷酷でかなり魅力的な人物。short on：〜を不足している。fairness：公平さ。あとで脱道徳家もこの考えをもてるようになると言われる（⇒ ¶15-b）。weigh with：（何かが）

〜にとって重要である。from time to time：ときどき。moral philosophy：倫理学（ethics）と同義。

【訳】先にわれわれが素描した脱道徳家には、これ（＝変質者）よりももっと魅力が潜んでいるように見えたのだ。彼（＝脱道徳家）のことを、いくらか愛情をもち、他人に起こることをときおり気にかける人物として描く人もいるかもしれない。典型的なギャング映画における、母親と子どもとさらに愛人さえをも気にかける、冷酷だがかなり魅力的な人物が思い浮かぶかもしれない。彼はまだ道徳的とは認識されない。それは、どのような一般的思案も彼にとって重みをもっておらず、また、公平さやそれに似た思案をほとんど欠いているという意味においてである。たとえほかの人たちのために活動することがあるとしても、それはたまたま彼がどのように感じたかに依存しているのである。もちろんこの人にとって、道徳哲学からの議論はじっさい功を奏さないだろう。というのも、1つには、彼にはつねにそうした議論に耳を貸すよりも行いたいものが何かあるからだ。大事なのはここではない（とはいえ、一部の道徳的議論によって考えさせられることに比べればこちらのほうが大事ではあるが）。むしろ大事なのは、彼がモデルを与えてくれ、それによって道徳がうまく始動するために必要なものとは何かを概観できるということである。たとえそれ（＝道徳）が、彼との交流の中でじっさいに始動するようには思われないとしてもである。

このパラグラフで、他人への配慮ということがらが前面に出されており、脱道徳家もわずかながら他人を配慮するような人物へと解釈し直されている。まだ説明は続くようなのでこのまま読み進めてみよう。最後のパラグラフになるが、ここも長めなので、前半と後半に区切っておこう。

[15-a] He gives us, I think, almost enough. For he has the notion of doing something *for* somebody, because that person needs something. He operates with this notion in fact only when he is so inclined; but it is not itself the notion of his being so inclined. Even if he helps these people because he wants to, or because he likes

第4講

> them, and for no other reason (not that, so far as these particular actions are concerned, he needs to improve on those excellent reasons), what he wants to do is *to help them in their need*, and the thought he has when he likes someone and acts in this way is 'they need help', not the thought 'I like them and they need help'. This is a vital point: this man is capable of thinking in terms of others' interests, and his failure to be a moral agent lies (partly) in the fact that he is only intermittently and capriciously disposed to do so.

He operates with this notion in fact only when he is so inclined; but it is not itself the notion of his being so inclined.：be inclined は二箇所とも、「傾向がある」よりも「したくなる」で理解するのがよい。セミコロン以下がわかりにくいが、主旨は、彼は気が向いたときに（＝やりたくなるときに）しか道徳的な発想を用いないが、そうした気まぐれなあり方が、彼にとっての「自分はそれをやりたくなる」という発想の中身なのではない、ということ。直後で述べられるように、気が向いたときに彼がやりたくなっている「それ」とは、気まぐれに対応することではなく、誰かの必要としていることに対して助けることである。not that：〜だからではない、〜ということではない。Even if ... の譲歩節が含意しかねない論調（「人助けをする限りは、誰かを自分は好きだから助けるというだけでは不十分で、理由をもっと良いものにする必要性があるのだ」と著者ウィリアムズが述べたがっているかのような論調）を排除するための但し書き。著者は、「もっとよい理由」を「彼」がもつ必要性があると言いたいのではない。¶15-b で述べられるように自然に彼はそれを獲得していけると考えている。improve on：〜を改良する。excellent：優れた、突出した。help them in their need：help A in B は「A を B に関して助ける、A を B において手伝う」。intermittently and capriciously：断続的かつ気まぐれに。

　たとえ脱道徳家が人を助けるときの理由が、好きな人だからだとか、そうしたいからだとかいったものであったとしても、彼はそのとき、「誰かが何か

を必要とするからその人のために何かをする」という発想（notion）をもっているのである。この発想の使用が気まぐれなだけであって、その発想をもっていないわけではない。この点を著者は強調する。

【訳】彼（＝他人への配慮をわずかながら見せ始めるような人物として再解釈された脱道徳家）によって［誰かが道徳的であるために］十分なものはほぼ与えられると思う。というのも、彼は、誰かが何かを必要とするからその人のために何かをするという発想をもっているからだ。彼がこの発想を用いるのは、じっさいには彼がそうしたくなるときだけである。だが、［彼にとって］このこと（＝自分の気が向いたときにだけこの道徳的な発想を用いるというあり方）自体が、自分はそうしたくなるという発想［の内実］なのではない。たとえ彼がこうした人たちを助けるのは、自分がそうしたいからだとか、自分が彼らを好きだからだとかであって、それ以外のいかなる理由からでもないとしても（［とはいえ、］こうした［人を助けるような］特定の行為が関わる限りはそうした優れた理由をさらに改善する必要がある、というわけでない）、彼がやりたいのは、「彼らが必要としていることに関して彼らを助ける」ことである。そして、誰かを好んでこのように行為するときに彼がもつ思考とは、「彼らが助けを必要としている」というものであって、「私の好きな彼らが助けを必要としている」というものではない。この点が肝心である。この人物は他者の利益の観点から考える能力をもっているのであって、彼が道徳的な行為者でありえないのは、道徳的行為をなす傾向を、彼が場当たり的で気分に左右されるかたちでしかもたないという事実に（いくらか）由来しているのである。

末尾で、¶13で脱道徳家を変質者と対比して指摘された「他人への配慮」について、より具体的な確認がなされている。「他人への配慮」とは、「他人の利益を思案すること（thinking in terms of others' interests）」である。そしてこの配慮を認められた脱道徳家は、いまや道徳家になりつつある。自分が好む人かどうかに関係なく、誰かの利益を思案する能力が見いだされたからだ。すると、脱道徳家に道徳的な生き方への魅力を与え、彼をそうした生き方のうちに取り込むには、この能力を「場当たり的で気分に左右されるかたち」

第4講

――自分の好きな人が困っているときだけ助けたり、気が向いたときだけ人を助けたりするようなかたち――ではなく、もっと安定したかたちで発揮できるようなあり方を、彼が自然に受け入れる仕方で実現すればよいことになる。それはどのような仕組みによって可能なのか。答えは次に述べられる。

> [15-b] But there is no bottomless gulf between this state and the basic dispositions of morality. There are people who need help who are not people who at the moment he happens to want to help, or likes; and there are other people who like and want to help other particular people in need. To get him to consider their situation seems rather an extension of his imagination and his understanding, than a discontinuous step onto something quite different, the 'moral plane'. And if we could get him to consider their situation, in the sense of thinking about it and imagining it, he might conceivably start to show some consideration for it: we extend his sympathies. And if we can get him to extend his sympathies to less immediate persons who need help, we might be able to do it for less immediate persons whose interests have been violated, and so get him to have some primitive grasp on notions of fairness. If we can get him all this way, then, while he has no doubt an extremely shaky hold on moral considerations, he has some hold on them; at any rate, he is not the amoralist we started with.

bottomless gulf：底なしの断絶。people who need help who are not people who at the moment he happens to want to help, or likes：先行詞 people を who need help と who are not people who ... or likes が二重に修飾している。直訳は、「助けを必要としていながら、その時に彼がたまたま助けたくなったり好んでいたりする人々ではない人たち」。there are other people who like and want to help other particular people in need：「彼」（＝道徳的にふるまう傾向を気分に左右されるかたちでもつ人としての脱道徳家）以外の人も、彼が配慮して

いる人たちとは別の他人たちのことを配慮している、ということ。consider their situation：their の指示対象は、文法的には前文のセミコロン直後の other people who like and want ... だが、その名詞句はそれを限定する関係詞節内で other particular people in need を目的語としてとってもいるので、内容的にはそれら2つの people に対応している。つまり their situation とは、「彼以外の助ける人たち（other people who like and want ... ）」と、その人たちによって助けられる「助けを必要とする別の特定の人たち（other particular people in need）」との間に成立している状況のことだと理解できる。前文からこの文にかけてウィリアムズが言おうとしているのは、「助ける人たち–助けを必要とする人たち」の二項関係が「彼」以外のところでも成立しており、もしも彼が、自分以外の「助ける人たち」と彼らによって助けられる「助けを必要とする特定の人たち」の状況を思考したり想像したりできれば（＝共感できれば）、次第に、前文セミコロン前の「助けを必要としているが彼がいまは助ける気分になっていなかったり好んでいなかったりする人たち（people who need help who are not people ... ）」にまで彼の配慮を拡張できるだろう、ということ。conceivably：もしかすると。consideration for：～に対する配慮、気遣い。「助ける人たち–助けを必要とする人たち」の関係性を重要なこととして気にかけるようになる、ということ。some primitive grasp on notions of fairness：公平さの観念のいくらか原初的な把握。「公平さの観念」（⇒ ¶14）とは「往路」¶4 ～ ¶6 で詳述された「普遍化可能性」の想定に訴える論法が説明しようとしたことがらである。脱道徳家は、普遍化可能性の議論によって説得（argue into）されなかったが、ここではわからせることができるかもしれない、ということ。「理由づけ」にとっての難題を「共感」はクリアできるという展望の示唆でもある。primitive grasp は「根本的・原初的な理解」で、言葉にはできないがわかる、といった「理解」。shaky：ぐらぐらした、不安定な。

　不安定ながらも誰かを配慮している脱道徳家は、「誰かが助けを必要としているのでその人を助ける」という発想をもっている。そして彼が、自分以外の道徳的な人たちが誰かのことを配慮している状況を見て、彼らと彼らが配慮を向けている人たちとの状況について思考したり想像したりしていけば—

第４講

──共感できれば──彼の配慮はもっと遠くにいる助けを必要とする人たちにまで次第に拡張できるだろう。これは道徳の基礎となる考えを脱道徳家に理解させることになるはずである。

　こうした見取り図が、脱道徳家の問いに対して著者が提示する答えである。よってここまでウィリアムズが辿ってきた思考を整理すれば、このようになる（上向き矢印は根拠づけ関係）。

（道徳的である≒）人間らしい ⇒ 他人を配慮する（他人の利益を思案する）
　　　　　　　　　　　　　　　　　↑
　　　　　　　　　　共感（＝想像力や理解の拡張）
　　　　　　　　　　・他人の利益を思案する人たちへの
　　　　　　　　　　・助けを必要とする人たちへの

【訳】だが、この（＝道徳的にふるまう傾向を気分に左右されるかたちでもつ人としての脱道徳家の）状態と、道徳的であろうとする基礎的な傾向とのあいだには、底なしの断絶はない。助けを必要としている人たちが、その時に彼がたまたま助けたくなったり好んでいたりする人々でないようなことがある。[しかし]また、別の特定の人たちが助けを必要としていて、その人たちのことを好きで助けたいと思っている彼以外の人たちが存在する。彼らの状況を彼に思案させるのは、「道徳的地平」のような全く異なるものに至る非連続な一歩というよりも、彼の想像力や彼の理解の拡張である。そしてもし、彼らの状況を、それを思考したりそれを想像したりするという意味で思案させることができるとすれば、彼はそれ（＝助ける人たちと助けを必要とする人たちの間に成立している関係性）に対する気遣いをもしかすると何か見せ始めるかもしれない。ここでわれわれは彼の共感を拡張している。さらにもし、助けを必要としているあまり身近でない人々にまで自分の共感を拡張させるように彼を仕向けることができれば、それ（＝共感）を、これまで利益が侵されてきたあまり身近でない人々にまで拡張させることができるかもしれない。すると、そうやって公平さという観念を彼に根本でわからせることができるかもしれない。もし、彼をずっとこのようにさせていくことが

できれば、道徳的配慮について、確かに非常に不安定な理解ではあるものの、彼は何らかの把握をしている。ともあれ、そこでの彼はわれわれが考察の端緒とした脱道徳家ではないのである。

　以上でひとまず、脱道徳家の提示する問いに応答する課題、すなわち、道徳的な生き方の意味と魅力を彼にわからせる方法や仕組みを見つけるという課題は遂行されたことになる。じっさいに彼がそうした生き方に魅力を感じ、意味を理解するかどうかは不確定であるものの、その見取り図は示されたのである。

　よってここまでで、脱道徳家を道徳的な生き方の外側に押しやり（往路）、道徳的な生き方を「人間らしさ」が関わることがらの１つととらえ直したうえで（折り返し点）、共感という要素に訴えて彼を道徳的な生き方の内側にとり込んだ（復路）ことになる。

　原文では、あと三段落の記述が続いてこの小論は閉じられる。そこでウィリアムズは、以上の要点は、「わずかながらも他者に対する関心をもつ人であれば、彼が道徳的世界に入るためには、すでに彼の手元にあるものを拡張するだけでよく、それ以上に何か新しい思考や経験を帰属させる必要はないことを示した」ことだと確認する。ただし、だからといって、道徳がつねに共感によって説明されるという一般的主張をすることではないことも強調される（ヒュームでさえそうしようとしなかった、と彼は言っている）。提示されたのは、あくまでも人間に関する事実のうちの、現実のあり方に即した一側面なのである。

　とはいえ、規範性の問いに対して十分な応答がなされたのかとか、共感が想像力の拡張としてじっさいどこまで可能なのかとかいった疑問を抱かれる人もいるかもしれない。それらは核心的な論点なので、原著や参考文献などを手がかりに各自で考えていただきたい。

　いくらか苦労を強いてしまったかもしれないが、冒頭で述べたように、内容理解に執着し、論脈に沿った解釈をあてはめていく地道な作業が、哲学の文献読解の本質であると思う。しかし、本講におつきあいいただいた読者に本当に期待しているのは、他者の思考が自分の中でかたちをもって現われた

ときの、いわく言いがたい快感を味わってもらうことである。他者を介して世界の見方が豊かになる快感は、哲学の醍醐味でもあるからだ。

読書案内

①プラトン『国家』(上・下)(藤沢令夫訳、岩波文庫、1979 年)
②ホッブズ『リヴァイアサン』(Ⅰ・Ⅱ)(永井道雄・上田邦義訳、中公クラシックス、2009 年)
③ヒューム『人性論』(土岐邦夫・小西嘉四郎訳、中公クラシックス、2010 年)
④トマス・ネーゲル『哲学ってどんなこと?』(岡本裕一朗・若松良樹訳、昭和堂、1993 年)
⑤永井均『倫理とは何か』(ちくま学芸文庫、2011 年)
⑥ジェームズ・レイチェルズ『倫理学に答えはあるか』(古牧徳生・次田憲和訳、世界思想社、2011 年)
⑦バナード・ウィリアムズ『生き方について哲学は何が言えるか』(森際康友・下川潔訳、産業図書、1993 年)
⑧クリスティーン・コースガード『義務とアイデンティティの哲学』(寺田俊郎他訳、岩波書店、2005 年)
⑨神崎繁「それぞれの生の形――超越的視点と相対主義に抗して」(『思想』2004 年 5 月号、1-4 頁) http://www.iwanami.co.jp/shiso/0961/kotoba.html

　①②③は英文および解説内で言及された哲学の古典。①のグラウコンによる「ギュゲスの指輪」の想定 (⇒ ¶8) は、上巻 107 頁から。「人間は本当は利己的なのだ」という amoralist の発言 (⇒ ¶9) を思い返しながら、ソクラテスの応答を探ってみてほしい。②も同様に、「自然状態」の想定 (⇒ ¶10) をし、そこから本来利己的なはずの人々のあいだに社会秩序を成立させる仕組みが論じられている (Ⅰ巻、第 1 部第 13 章)。③の第 3 篇は、ウィリアムズが支持する、「共感」や「情念」に訴えて道徳を説明する古典的見解であり、本テキスト §4 以降の「復路」と比較しながら読んでみると面白いだろう。
　④⑤⑥は問題をさらに掘り下げるための文献。④の第 7 章では、「普遍化可能性」の考えや「他人への配慮」による道徳の説明などの難点をわかりやすく論じている。⑤は倫理学の変遷を、(ウィリアムズのものとはやや異なる意味で) amoralist 的な観点を交えながら学べる良書。プラトンやホッブズや解説で触れたカントの考えの要点も触れられている。第 2 章のヒュームについての考察から読み進めても可。⑥は、現代社会のさまざまな問題と倫理学の

関係を考える本。著者は、人間の外側に目を向ける「ポスト・ヒューマニズム」を掲げ、進化論と功利主義を支持する点でウィリアムズと対照的に見えるが、彼も道徳原理に依拠する倫理学を否定しており興味深い。

⑦⑧⑨はウィリアムズの思想を知るための文献。⑦の第2章のamoralist(「道徳否定主義者」と訳されている)の想定や、第6章の「人間らしさ」の指摘、第10章の「道徳システム」の考察などを通して、著者独自の問題意識をより深く知ることができる。絶版だが、全体を通して倫理学のあり方を考えさせる良書なので、本講で彼の議論に興味をもった方はぜひ図書館などで手にとってほしい。⑧は一人の哲学者の提題に四人の哲学者がコメントする本で、第2講3節で提題者によるウィリアムズに対する問題提起があり、第8講でウィリアムズの応答がなされている。ウィリアムズとヒュームとの相違も争点になっている。やや専門的だが現代倫理学の一面に触れられる本。⑨は、ウィリアムズを追悼しつつ、彼の辿った思索を彼の一個人としての生涯に重ねて解説したもので、彼の哲学と生き方を概観することができる(2012年9月現在インターネット上でも閲覧可能)。ほかにもネット上には、ウィリアムズに関する、研究者による優れた論考もいくつか公開されており、玄人目線から彼の哲学的思索の妙味に触れることもできる。各自で探してぜひ挑戦していただきたい。

＜解説英文全文＞

'WHY should I do anything?' Two of the many ways of taking that question are these: as an expression of despair or hopelessness, when it means something like 'Give me a reason for doing anything; everything is meaningless'; and as sounding a more defiant note, against morality, when it means something like 'Why is there anything that I *should*, *ought to*, do?'

Even though we can paraphrase the question in the first spirit as 'Give me a reason ...', it is very unclear that we can in fact give the man who asks it a reason—that, starting from so far down, we could *argue* him into caring about something. We might indeed 'give him a reason' in the sense of finding something that he is prepared to care about, but that is not inducing him to care by reasoning, and it is very doubtful whether there could be any such thing. What he needs is help, or hope, not reasonings. // Of course it is true that if he stays alive he will be doing *something*, rather than something else, and thus in some absolutely minimal sense he has some sort of reason, some minimal preference, for doing those things rather than other things. But to point this out gets us hardly anywhere; he does those things just mechanically, perhaps, to keep going, and they mean nothing to him. Again, if he sees his state as a reason for suicide, then that would be to make a real decision; as a way out of making any decisions, suicide comes inevitably one decision too late (as Camus points out in *Le Mythe de Sisyphe*). But it would be no victory for us or for him if it turned out there was after all just one decision that he was prepared to acknowledge, that one.

I do not see how it could be regarded as a defeat for reason or rationality that it had no power against this man's state; his state is rather a defeat for humanity. But the man who asks the question in the second spirit has been regarded by many moralists as providing a real challenge to moral reasoning. He, after all, acknowledges some reasons for doing things; he is, moreover, like most of us some of the time. If morality can be got off the ground rationally, then we ought to be able to get it off the ground in an argument against him; while, in his pure form—in which we can call him the *amoralist*— he may not be actually persuaded, it might seem a comfort to morality if there were reasons which, if he were rational, would persuade him.

We might ask first what motivations he does have. He is indifferent to moral considerations, but there are things that he cares about, and he has some real preferences and aims. They might be, presumably, pleasure or

※ // は本文で解説を区切ったことを示す。

power; or they might be something much odder, such as some passion for collecting things. Now these ends in themselves do not exclude some acknowledgement of morality; what do we have to leave out to represent him as paying no such acknowledgement? Presumably such things as his caring about other people's interests, having any inclination to tell the truth or keep promises if it does not suit him to do so, being disposed to reject courses of action on the ground that they are unfair or dishonourable or selfish. These are some of the substantial materials of morality. We should perhaps also leave out a more formal aspect of morality, namely any disposition on his part to stand back and have the thought that if it is 'all right' for him to act in these ways, it must be 'all right' for others to act similarly against him. For if he is prepared to take this stance, we might be able to take a step towards saying that he was not a man without a morality, but a man with a particular one.

However, we need a distinction here. In one way, it is possible for a man to think it 'all right' for everyone to behave self-interestedly, without his having got into any distinctively moral territory of thought at all: if, roughly, 'it's all right' means 'I am not going to moralize about it'. He will be in some moral territory if 'all right' means something like 'permitted', for that would carry implications such as 'people ought not to interfere with other people's pursuit of their own interests', and that is not a thought which, as an amoralist, he can have. Similarly, if he objects (as he no doubt will) to other people treating him as he treats them, this will be perfectly consistent so long as his objecting consists just in such things as his not liking it and fighting back. What he cannot consistently do is *resent* it or disapprove of it, for these are attitudes within the moral system. It may be difficult to discover whether he has given this hostage to moral argument or not, since he will no doubt have discovered that insincere expressions of resentment and moral hurt serve to discourage some of the more squeamish in his environment from hostile action.

This illustrates, as do many of his activities, the obvious fact that this man is a parasite on the moral system, and he and his satisfactions could not exist as they do unless others operated differently. For, in general, there can be no society without some moral rules, and he needs society; also he takes more particular advantage of moral institutions like promising and of moral dispositions of people around him. He cannot deny, as a fact, his parasitic position; but he is very resistant to suggestions of its relevance. For if we try saying 'How would it be for you if everyone behaved like that?' he will reply, 'Well, if they did, not good, I suppose—though in fact I might do better in the resulting chaos than some of the others. But the fact is, most of them are not going to do so; and if they do ever get round to it, I shall be dead by then.' The appeal to the consequences of an *imagined* universalization is an essentially moral argument, and he is, consistently, not impressed by it.

In maintaining this stance, there are several things he must, in consistency, avoid. One—as we noticed before, in effect—is any tendency to say that the more or less moral majority have *no right* to dislike him, reject him, or treat him as an enemy, if indeed they are inclined to do so (his power, or charm, or dishonesty may be such that they do not). No thoughts about justification, at least of that sort, are appropriate to him. Again, he must resist, if consistent, a more insidious tendency to think of himself as being in character really rather splendid—in particular, as being by comparison with the craven multitude notably courageous. For in entertaining such thoughts, he will run a constant danger of getting outside the world of his own desires and tastes into the region in which certain dispositions are regarded as excellent for human beings to have, or good to have in society, or such things; and while such thoughts need not lead directly to moral considerations, they give a substantial footing to them, since they immediately invite questions about what is so good about those dispositions, and it will be difficult for him to pursue those questions very far without thinking in terms of the *general* interests and needs of his fellow human beings, which would land him once more back in the world of moral thought from which he is excluding himself.

The temptation to think of himself as courageous is a particularly dangerous one, since it is itself very nearly a moral notion and draws with it a whole chain of distinctively moral reflections. This man's application of the notion will also have a presupposition which is false: namely, that the more moral citizens would be amoral if they could get away with it, or if they were not too frightened, or if they were not passively conditioned by society—if, in general, they did not suffer from inhibitions. It is the idea that they are afraid that gives him the idea of his own courage. But these presuppositions are absurd. If he means that if as an individual one could be sure of getting away with it, one would break any moral rule (the idea behind the model of Gyges' ring of invisibility in Plato's *Republic*), it is just false of many agents, and there is reason why: the more basic moral rules and conceptions are strongly internalized in upbringing, at a level from which they do not merely evaporate with the departure of policemen or censorship neighbours. This is part of what it is for them to be moral rules, as opposed to *merely* legal requirements or matters of social convention. The effects of moral education can actually be to make people *want* to act, quite often, in a non-self-interested way, and it often succeeds in making it at least quite difficult, for internal reasons, to behave appallingly.

But this, he will say, is just social conditioning; remove that, and you will find no moral motivations. — We can reject the rhetoric of the word 'conditioning'; even if there were a true theory, which there is not, which could explain all moral and similar education in terms of behaviourist learning theory, it would itself have to explain the very evident differences between successful and intelligent upbringing, which produces insight, and the production of conditioned reflexes. Then let us say instead that all moral motivation is the product of social influences, teaching, culture, etc. It is no doubt true. But virtually everything else about a man is such a product, including his language, his methods of thought, his tastes, and even his emotions, including most of the dispositions that the amoralist sets store by. —But, he may say, suppose we grant that anything complex, even my desires, are influenced by culture and environment, and in many cases produced by these; nevertheless there are *basic* impulses, of a self-interested kind, which are at the bottom of it all: these constitute what men are *really* like.

If 'basic' means 'genetically primitive', he may possibly be right: it is a matter of psychological theory. But even if true in this sense, it is once more irrelevant (to his argument, not to questions about how to bring up children)', if there is such a thing as what men are *really* like, it is not identical with what very small children are like, since very small children have no language, again, nor many other things which men really have. If the test of what men are *really* like is made, rather, of how men may behave in conditions of great stress, deprivation, or scarcity (the test that Hobbes, in his picture of the state of nature, imposed), one can only ask again, why should that be the test? Apart from the unclarity of its outcome, why is the test even appropriate? Conditions of great stress and deprivation are not the conditions for observing the typical behaviour of any animal nor for observing other characteristics of human beings. If someone says that if you want to see what men are *really* like, see them after they have been three weeks in a lifeboat, it is unclear why that is any better a maxim with regard to their motivations than it is with regard to their physical condition.

If there is such a thing as what men are *really* like, it may be that (in these sorts of respects, at least) it is not so different from what they are *actually* like; that is, creatures in whose lives moral considerations play an important, formative, but often insecure role.

The amoralist, then, would probably be advised to avoid most forms of self-congratulatory comparison of himself with the rest of society. The rest may, of course, have some tendency to admire him, or those may who are at such a distance that he does not tread directly on their interests and affections. He should not be too encouraged by this, however, since it is probably wish-fulfilment (which does not mean that they would be like him if they could, since a wish is different from a frustrated desire). Nor will they admire him, still less like him, if he is not recognizably human. And this raises the question, whether we have left him enough to be that.

Does he care for anybody? Is there anybody whose sufferings or distress would affect him? If we say 'no' to this, it looks as though we have produced a psychopath. If he is a psychopath, the idea of arguing him into morality is surely idiotic, but the fact that it is idiotic has equally no tendency to undermine the basis of morality or of rationality. The activity of justifying morality must surely get any point it has from the existence of an alternative—there being something to justify it *against*. The amoralist seemed important because he seemed to provide an alternative; his life, after all, seemed to have its attractions. The psychopath is, in a certain way, important to moral thought; but his importance lies in the fact that he appals us, and we must seek some deeper understanding of how and why he appals us. His importance does not lie in his having an appeal as an alternative form of life.

The amoralist we loosely sketched before did seem to have possibly more appeal than this; one might picture him as having some affections, occasionally caring for what happens to somebody else. Some stereotype from a gangster movie might come to mind, of the ruthless and rather glamorous figure who cares about his mother, his child, even his mistress. He is still recognizably amoral, in the sense that no general considerations weigh with him, and he is extremely short on fairness and similar considerations. Although he acts for other people from time to time, it all depends on how he happens to feel. With this man, of course, in actual fact arguments of moral philosophy are not going to work; for one thing, he always has something he would rather do than listen to them. This is not the point (though it is more of a point than some discussions of moral argument would lead one to suppose). The point is rather that he provides a model in terms of which we may glimpse what morality needs in order to get off the ground, even though it is unlikely in practice to get off the ground in a conversation with him.

He gives us, I think, almost enough. For he has the notion of doing something *for* somebody, because that person needs something. He operates with this notion in fact only when he is so inclined; but it is not itself the notion of his being so inclined. Even if he helps these people because he wants to, or because he likes them, and for no other reason (not that, so far as these particular actions are concerned, he needs to improve on those excellent reasons), what he wants to do is *to help them in their need*, and the thought he has when he likes someone and acts in this way is 'they need help', not the thought 'I like them and they need help'. This is a vital point: this man is capable of thinking in terms of others' interests, and his failure to be a moral agent lies (partly) in the fact that he is only intermittently and capriciously disposed to do so. // But there is no bottomless gulf between this state and the basic dispositions of morality. There are people who need help who are not people who at the moment he happens to want to help, or likes; and there are other people who like and want to help other particular people in need. To get him to consider their situation seems rather an extension of his imagination and his understanding, than a discontinuous step onto something quite different, the 'moral plane'. And if we could get him to consider their situation, in the sense of thinking about it and imagining it, he might conceivably start to show some consideration for it: we extend his sympathies. And if we can get him to extend his sympathies to less immediate persons who need help, we might be able to do it for less immediate persons whose interests have been violated, and so get him to have some primitive grasp on notions of fairness. If we can get him all this way, then, while he has no doubt an extremely shaky hold on moral considerations, he has some hold on them; at any rate, he is not the amoralist we started with.

第5講

エリザベス・アンスコム「一人称」

今村健一郎

英文の難易度☆☆☆☆☆
内容の難易度☆☆☆☆☆

第5講

はじめに

アンスコムと「一人称」

　本章では、エリザベス・アンスコム (G. E. M. Anscombe, 1919-2001) による 1975 年の著作「一人称」(The First Person) を読んでみることにしたい。アンスコムはケンブリッジ大学の教授職にあったイギリスの哲学者で、ウィトゲンシュタインの高弟のひとりとして知られている。後期ウィトゲンシュタイン哲学を知る上で最重要の文献である『哲学探究』は、ウィトゲンシュタインの死後、彼女の編集によって出版された。ウィトゲンシュタイン哲学の普及以外にも、アンスコムは形而上学・道徳哲学・心の哲学・行為の哲学などの分野で数多くの輝かしい業績を遺しているが、とりわけ有名な業績は、『インテンション』における、行為の意図に関する研究であろう。彼女はまた、同じイギリスの哲学者ピーター・ギーチ (1916-) の妻であったことでも知られている。

　さて、「一人称」だが、この著作は出版の前年に行われた講演を基にしており、そのためか、その文体は洗練されたものとは到底言い難く、議論のステップが追いにくい箇所や文意を測りかねる箇所が散見される。彼女の論文には難解なものが少なくないのだが、この著作もまた、お世辞にも分かりやすいとは言えない。率直に言って難解である（ちなみに、この著作では、すぐ後に見るように、現代のアメリカを代表する哲学者であり、天才の名で呼ばれるソール・クリプキ (1940-) が槍玉に挙げられるのだが、そのクリプキですら、この著作を「決して易しくはない（none too easy）」と評している）。

　しかしながら、この著作は、＜私＞とは何か、という哲学の王道を行く問題（自我論）を扱っており、そしてまた、問題へのアプローチの仕方も、現代の英語圏の哲学の王道とも言える言語哲学の手法――＜私＞とは何か、という問題に、「私 (I)」という語の意味を探究するという仕方で接近している――を用いており、これらの理由から「英語で読む哲学」としてはうってつけの素材であると言えるであろう。さらに言えば、いささか読みにくさのあるアンスコムの英文も、第一級の哲学者がその哲学的思索を繰り広げていく

現場の息遣いを感じさせるという点で、チャレンジするに値する独自の魅力を有しているとも言えるのではないだろうか。

結論とあらすじ

　さて、原文に取り掛かる前に、読者の理解の助けになるように、「一人称」の結論とあらすじを先に言ってしまおう。すでに述べたように、主題は「私」という語——文法的には一人称単数の人称代名詞——の意味は何か、である。そして、探究の末にアンスコムが辿り着く結論は、「私」という語は指示表現ではない、というものである。指示表現とは、言語外の対象を指示する言語表現のことであり、「指示表現」という用語が堅苦しく思われるならば、代わりに「名前」と言っても大過ないであろう（実際、アンスコムもしばしば、「名前」を「指示表現」の意味で使っている）。指示表現の典型は名詞である。たとえば、「ヒト」という一般名詞は、ホモ・サピエンスという動物の一種を指示しており、「中谷美紀」という固有名詞は、ヒトのある一個体（映画やテレビで活躍しているあの日本人美人女優）を指示している。では、「私」という語は何かを指示しているだろうか。素朴には、人が「私」という語を発するとき、それはある１つの個体（個人）である発話者自身を指示していると考えられるのだから、答えは「イエス」である。ところが、アンスコムはこの問いに対して「ノー」と答える。「私」は指示表現ではない。この結論はいかにも常識に反している。そのためか、この結論に賛同する者はきわめて少ない。しかし、まさにこの常識に反した答えこそが「一人称」を著名な論文にしているのであり、この常識はずれの結論へと至る議論にこそ「一人称」の面白味は存する。では、読み始める前に本章のアウトラインを以下に示しておこう。

アウトライン

§1　「私はデカルトではない」

§2　「私」とは、各人が自分自身について話すときに使う語である

第 5 講

§3 「私」とは固有名詞である

§4 「私」とは指示代名詞である

§5 「私」は指示表現ではない

　§1では、あまりにも有名なデカルトの自我論が検討される。その結果、デカルトが「私」という一人称を用いつつ自我論を語る際、そこでの「私」とはデカルトの身体を指すのでもなければ、デカルトというある特定の人物・人格ないしは精神を指すのでもないという結論が導かれる。§2では、「私」とは「各人が自分自身について話すときに使う語」であるという定義が検討され、退けられる。§3と§4では、「私」とは、ある1つの対象——「私」と発話する者自身——を指示する指示表現であるという見込みのもと、そのような指示表現として固有名詞と確定記述と指示代名詞の3つが検討に付される。その結果、「私」はそれら3つのいずれにも属さないと結論される。以上の検討の結果の末、§5では、「私」は指示表現ではないという結論が与えられる。

§ 1

「一人称」の議論は「我思う、ゆえに我在り」というフレーズで知られる、デカルトの自我論から出発する。話の枕に大哲学者の議論を引き合いに出すというのは、哲学論文の常套手段である。

周知のように、デカルトは、疑いうることの一切をあえて疑い、それらを退けるという方法（いわゆる「方法的懐疑」）で、疑いえない確実な知識を捉えようと試みた。その試みにおいて、デカルトは、世界の内にある一切の事物の存在を疑い、そして、自分の身体の存在すら疑って、あえてそれらを存在しないと考えた。しかし、そのような徹底した懐疑をもってしても、「私が考えているかぎり、私は存在する」ということは疑えない。かくしてデカルトは、「私が考えているかぎり、私は存在する」ということを確実な知識として認めたのである（以下、この一連の思索を＜我思うの思索＞と略称する）。

われわれは各自このデカルトの議論を辿ってみることができる。しかし、その際に重要なのは、この議論が常に一人称でなされねばならないという点であるとアンスコムは指摘する。たとえば、私（＝今村）がこのデカルトの議論を辿って、「私が考えているかぎり、私は存在する」と言うならば、それは私自身には（つまり、一人称的には）確実に真なのだが、あなたが私（＝今村）の外側に立って（つまり、三人称の視点から）、このデカルトの議論を辿っている私を眺めて、「今村が考えているかぎり、今村は存在する」と言うならば、それはあなたにとって、もはや確実に真ではない。というのも、あなたは私の存在を、疑おうと思えば疑えてしまうからである（たとえば、あなたが眺めている今村は、実際には存在せず、あなたの妄想の産物なのかもしれない、という具合に）。

次にアンスコムは、クリプキを引き合いに出しつつ、いよいよ話の本題を切り出す。以下、原文を見てみよう。

> [1] ① Saul Kripke has tried to reinstate Descartes's argument for his dualism. ② But he neglects its essentially first-person character, making it an argument about the non-identity of Descartes with his

第5講

> own body. ③ Whatever else is said, it seems clear that the argument in Descartes depends on results of applying the method of doubt. ④ But by that method Descartes must have doubted the existence of the man Descartes: at any rate of that figure in the world of his time, that Frenchman, born of such-and-such a stock and christened René; but also, even of the man— unless a man isn't a sort of animal. ⑤ *If*, then, the non-identity of himself with his own body follows from his starting-points, so equally does the non-identity of himself with the man Descartes. ⑥ "I am not Descartes" was just as sound a conclusion for him to draw as "I am not a body." ⑦ To cast the argument in the third person, replacing "I" by "Descartes", is to miss this. ⑧ Descartes would have accepted the conclusion. ⑨ That mundane, practical, everyday sense in which it would have been correct for him to say "I am Descartes" was of no relevance to him in these arguments. ⑩ That which is named by "*I*" — *that*, in *his* book, was not *Descartes*.

英文を一文ずつ仔細に検討する余裕はないので、注意を要する箇所だけを検討することにしたいのだが、最初なので、このパラグラフは丹念に見ていくことにしよう。ここは10個の文から成る。① Saul Kripke has tried to reinstate Descartes's argument for his dualism. この英文は問題ないだろう。reinstateは「復権させる」を、dualismは「二元論」（ここでは、デカルトの有名な「心身二元論」）を意味するので、文全体で、ソール・クリプキはデカルトの二元論の議論を復権させようとした、という意味になる。② But he neglects its essentially first-person character, making it an argument about the non-identity of Descartes with his own body. 主節の後にmakingにはじまる分詞構文が付属している。分詞構文は主節を補足するものであるというのが分詞構文に関する最も重要なポイントである。分詞構文にはいくつかの意味があるが、ここでは「結果」を意味しているととるべきであろう。最初に主節で「彼（クリプキ）はそれ（①のDescartes's argument）の本質的に一人称

的な性格を無視している」と言っておいて、次に分詞構文を用いて、その結果、クリプキは「それをデカルトと彼自身の身体との非同一性に関する議論としてしまっている」と述べている。一番言いたいことや重要なこと（この文では「無視している」）を最初に言っておいて、後からより詳しい事柄（その「無視」の結果として生じたこと）を述べるというのが分かりやすい英文を書く際のセオリーである。それと共に、物事を時間の経過に従って（この文では原因から結果へと）述べるというのも、分かりやすい英文を書く際のセオリーである。③ Whatever else is said, it seems clear that the argument in Descartes depends on results of applying the method of doubt. 文頭の Whatever else is said は「他に何が言われているにせよ」という「譲歩」を表しており、その後に来る主節を強調している。よって、「他に何が言われているにせよ」、that 以下の内容、すなわち、「このデカルトの議論は方法的懐疑 (the method of doubt) の適用の結果に依存している」のは「明らかであると思われる」となる。④ But by that method Descartes must have doubted the existence of the man Descartes: at any rate of that figure ... 主節「しかし、その方法（=方法的懐疑）によって、デカルトはデカルトという人間の存在を疑ったに違いない」の後に、コロン (:) がある。コロンの後には、前に言ったことの言い換えや、より具体的な内容の記述が続く。だからコロンは「すなわち」(that is) に置き換えることができる。主節の「デカルトはデカルトという人間の存在を疑ったに違いない」だけでは、その意味が未だ明らかではない。そこで補足として、主節中の of the man Descartes をより具体的に言い換えるべく、コロン以下 (at any rate を挟んで)、of that figure ... が続くのである、コロン以下を訳すと、「彼の時代の世界におけるあの人物、しかじかの生まれの、ルネと名付けられた、あのフランス人男性の [存在を疑ったに違いない]」となる。ここでも、一番言いたいことを主節で先に言って、後からより詳しい事柄をコロン以下で述べるというセオリーが踏襲されている。補足はこれだけでは終わらない。さらにセミコロン (;) の後に、補足その2として、but also, even of the man — unless a man isn't a sort of animal が続いて、ようやく文が終わる。つまり、全体の構造は「主節：補足その1；補足その2」となっている。だから全体で、デカルトは、デカルトという人間の存在を（主節）、すなわち、ルネ

という名のあのフランス人男性の存在を疑い（補足その1）、「しかしまた、もし人間は動物の一種ではないというのでなければ、その人間の［存在］さえも」（補足その2）疑ったに違いない（つまり、ルネというファーストネームを持っていたり、フランス人男性であったりといった、ある特定の背景をもつデカルトという一個の人間の存在だけでなく、さらに進んで、それら一連の背景を引きはがした後に残るその人間そのもの —— つまり、ヒトという動物の一個体 —— の存在さえも疑ったに違いない）という風になる。なお、補足その2の unless a man isn't a sort of animal の部分は、（おそらく無用に）二重否定になっているので理解しづらくなっている。⑤は If ~ then ... の形式の条件文で、主節が2つある。条件節の中身が省略されているが、その中身はこれまでの内容 —— デカルトは、特定の背景をもつデカルトという一個の人間の存在を、そして、それらの背景を取り去ったその人間自体の存在をも疑った —— である。その条件を踏まえるならば、「彼自身と彼自身の身体との非同一性が彼の［議論の］出発点から帰結する (the non-identity of himself with his own body follows from his starting-points)」のであり（第1主節）、それと並行して、「彼自身と人間デカルトとの非同一性も同様に帰結する (so equally does the non-identity of himself with the man Descartes.)」のである（第2主節）。⑥ "I am not Descartes" was just as sound a conclusion for him to draw as "I am not a body." では、2つの事柄の同等比較の表現である as ~ as ... の形式が使われている。強調したいのはやはり最初の方、すなわち、「『私はデカルトではない』は、彼にとって健全に引き出せる結論だった ("I am not Descartes" was sound a conclusion for him to draw)」であり、それは後の方の、「『私は身体ではない』("I am not a body") ［が、彼にとって健全に引き出せる結論だった］」のと同様である、と述べているのである。そのままでは受け入れにくい（が、是非とも読み手に受け入れて欲しい）最初の方の主張を、より受け入れやすい後の方の主張と同じだと言うことによって、読み手に受け入れやすくしようとしているのである。⑦ To cast the argument in the third person, replacing "I" by "Descartes", is to miss this. ②と同様に分詞構文を含む文である。主語は不定詞句「［デカルトの］議論を三人称へと投げ込むこと (To cast the argument in the third person)」である。この不定詞句の意味上の

主語はもちろんクリプキである。では、その「投げ込むこと」をクリプキは具体的にどのように行っているのか。それを示すべく、分詞構文「『私』を『デカルト』で置き換えることによって (replacing "I" by "Descartes")」が補われるのである。補語となる不定詞句「これを捉えそこなうこと (to miss this)」における this が指すのは前文⑥の内容である。⑧は解説不要なので、⑨に移ろう。主語は長い that 節になっている。That mundane, practical, everyday sense の後に、前置詞＋関係代名詞 in which が置かれている。which の先行詞は sense である。sense は「〜の意味で」という用法において前置詞 in をとるので (たとえば、in this sense「この意味で」)、which にも前置詞 in がつく。主語の That mundane, practical, everyday sense in which it would have been correct for him to say "I am Descartes" を訳すと、「彼が『私はデカルトである』と言うことが正しかったであろう、あの通俗的で実用的で日常的な意味」となる。補語句 of no relevance to him in these arguments は、「これらの議論での彼にとっては関係がない」と訳される。of no relevance は not relevant と同義である。of＋抽象名詞は、その名詞の形容詞形と同義になる（例：of importance=important）。⑩ That which is named by "*I*" — *that*, in *his* book, was not *Descartes*. 訳は「『私』によって名指されるところのそれ——彼の本におけるそれはデカルトではなかったのである」となる。指示代名詞 that に関係節が付属して、「『私』によって名指されるところのそれ (That which is named by "I")」という主語節を形成している。それに続いて、「彼の本におけるそれ (— that, in *his* book)」とある。his がイタリック体で強調されている点に注意されたい。his book「彼の本」と言う代わりに、Descartes' book と言ってはいけない。なぜならば、その本で＜我思うの思索＞を遂行している彼は、自分がある特定の背景 —— ルネというファーストネームを持っていて、フランス人男性である等々 —— をもった「デカルト」なる人物であることを疑いうることとして退けているところの彼だからである。

さて、パラグラフの全体像が分かったところで、内容の検討に移ろう。まず、デカルトは疑いうることは全て疑わしいとして退ける方法的懐疑を採用している。そこでデカルトは、第一に、自分が（ルネと名付けられたとか、フランス人であるといった）ある特定の背景をもつ「デカルト」なる一個の人物

であるということを否定する（そうした一連の背景はどれも自分の妄想かもしれない）。それどころか、第二に、自分は、そうした一連の背景を取り去った後に残るであろう、ある一個の人間（ヒトの一個体）であるということすら否定するのである（自分はヒトの身体を備えた存在であるということすら妄想かもしれない）。アンスコムは、この一個の人間であるということの否定を、「身体を備えた存在であることの否定」ないしは「身体であることの否定」と解釈する。すると、デカルトは、第二の否定から、「私は身体ではない」と結論することになり、同様に、第一の否定から、「私はデカルトではない」と結論することになる。以上がアンスコムのデカルト解釈である。

　では、クリプキの解釈はどうか。デカルトの心身二元論の議論は、「方法的懐疑の適用の結果に依存している」のであった（③）。そして、その方法的懐疑を適用した思索の結果として得られるのが「私が考えているかぎり、私は存在する」という真理であったのだが、しかし、その一連の＜我思うの思索＞は、アンスコムが注意を促したように、一人称の観点から遂行されねばならないのであった。しかるに、クリプキは、デカルトの心身二元論の「本質的に一人称的な性格」を「無視」するという過ちを犯している（②）。クリプキのこの誤った解釈の下では、第一の否定である「私はデカルトではない」は出てこない。ここでは補足が必要であろう。デカルトの心身二元論の下では、この世界に存在する一切のもの（実体）は、思考を本質とする「精神」と、空間的広がりを本質とする「物質」へと二分される。＜我思うの思索＞を行っているデカルトは、前者の「精神」である。つまり、デカルトは一個の「精神」なのである。そして、デカルトの身体は、それとは異なる、一塊の「物質」であり、こちらはたまたまデカルトという一個の精神と結びついているとしても、デカルトそれ自体ではない。だから、この解釈の下では、デカルトは「私は身体ではない」という第二の否定を導くことができる。

　しかし、デカルトの議論の一人称的性格を無視しているクリプキの解釈の下では、つまり、デカルト本人の外側に立って、デカルトの＜我思うの思索＞を第三者（三人称）の視点から眺めているクリプキの解釈の下では、デカルトのその思索は、「デカルト」という名前をもった、この世界に存在する、ある特定の一個の精神が行っている思索であり、そこでの「私が考えているかぎり、

私は存在する」における「私」とは、「デカルト」という名をもつその特定の一個の精神を指しているのに他ならない。つまり、「私」も「デカルト」も、同じ一個の精神を指示する名前であり、両者は一個の個体を指示するという同じ働きをしているという点で、論理的・文法的には同じものなのである。それゆえに、クリプキの解釈の下では、「私」を「デカルト」と置き換えること —— アンスコムによれば、そのように置き換えてはいけないのだが —— が可能となるのである（⑦）。となると、クリプキの立っている三人称の観点からは、「私」イコール「デカルト」なのだから、「私はデカルトではない」という第一の否定は不可能ということになる。結果として、クリプキの解釈の下で結論しうるのは、「私は身体ではない」という第二の否定のみなのであるから、クリプキはデカルトの心身二元論の議論を「デカルトと彼自身の身体との非同一性に関する議論にしてしまっている」ということになる（②）。

　アンスコムは、デカルトの思索を辿りながら、「私」という語はその発話者の身体を指示するのでもなければ、ある特定の具体的な背景をもつ者としての発話者その人 ——「人格」ないしは「人物」、あるいは、その担い手としての「精神」—— を指示するのでもない、という主張をまずは打ち出している。そして、その途上で、彼女は論敵と見定めたクリプキを打ち倒している。デカルトが〈我思うの思索〉を行っているとき、そこで彼が発する「私」という語は、「デカルト」という語と共に、その思索を行っているデカルトを指示しているというクリプキの解釈は自然な解釈であるとわれわれには思われる。それに対して、そこでの「私」はデカルトではない、と主張するアンスコムはいかにも不自然である。しかし、この著作でアンスコムがわれわれに求めるのは、その自然さ ——「通俗的で実用的で日常的な」（⑨）という意味での自然さ —— からの離脱である。そこから離脱することによって、もしかすると未知の領野が眼前に開けてくるかもしれない。哲学とはそのような「自然さ」からしばし「離脱」することによって成立する営みなのである。

【訳】ソール・クリプキは、デカルトの二元論を復権させようとした。しかし、彼はその二元論の本質的に一人称的な性格を無視することで、それをデカルトと彼自身の身体との非同一性に関する議論にしてしまっている。他に何が言われて

いるにせよ、デカルトにおける議論は方法的懐疑を適用した結果に依存しているということは明らかだと思われる。しかし、その方法によって、デカルトはデカルトという人間の存在を疑ったに違いない、彼の時代の世界におけるあの人物、しかじかの生まれの、ルネと名付けられた、あのフランス人男性の存在を。しかしまた、もし人間は動物の一種ではないというのでなければ、その人間の [存在] さえも。すると、彼の [議論の] 出発点から、彼自身の彼の身体との非同一性が導かれるならば、同様に、彼自身のデカルトという人間との非同一性もまた導かれることになる。彼にとって「私はデカルトではない」は、「私は身体ではない」と同じく、健全に引き出せる結論ということになる。「私」を「デカルト」に置き換えて、この議論を三人称へと投げ込むことで、このことは見失われてしまう。デカルトはこの結論を受け入れたであろう。「私はデカルトである」と言うことが彼にとって正しかったであろう、あの通俗的で実用的で日常的な意味は、これらの議論での彼にとっては関係がなかった。彼の本において、「私」によって名指されるのは、デカルトではなかったのである。

さて、アンスコムはすでに論敵クリプキを打ち倒した。ロールプレイングゲームさながらに、立ち塞がる論敵を次々と倒し、反論を退けながら進むというのは、哲学論文の常道である。アンスコムもまた、反論を次々と退けながら、自らの進路を切り開いていく。ここからは、少し歩速を速めて彼女について行こう。

[2] It may seem strange to say: "The non-identity of himself with Descartes was as valid a conclusion as the other" and not treat this as already a *reductio ad absurdum.* For is that phrase not equivalent to "the non-identity of *Descartes* with Descartes" ?
[3] No. It is not. For what is in question is not the ordinary reflexive pronoun, but a peculiar reflexive, which has to be explained in terms of "I" . It is the reflexive called by grammarians the 'indirect reflexive' and there are languages (Greek, for example) in which there is a special form for it.

英文は問題ないだろう。2行目のthe otherの後のconclusionが省略されている。「もう1つの結論(the other conclusion)」とは、無論「私は身体ではない」という結論のことである。3行目のreductio ad absurdumとは、「帰謬法」ないしは「背理法」と訳される論理学の用語なのだが、説明は省こう。ここでは「矛盾」というほどの意味で使われている。デカルトの＜我思うの思索＞からは「私はデカルトではない」という結論が導かれるとアンスコムは言っていた。この結論を言い換えたものが、「彼自身のデカルトとの非同一性」なのだが、これは「デカルトのデカルトとの非同一性」と言うに等しい。だが、デカルトはデカルトと同一ではないというのは、あからさまな矛盾なのだから、そのような矛盾を導くアンスコムの議論には誤りがあるのではないか、というのが¶2で想定されている反論である。

　¶3で、アンスコムはこの反論に再反論する。見てみよう。従属節中の再帰代名詞が、その従属節中の主語ではなく、主節の主語を指示するとき、そのような再帰代名詞は「間接再帰代名詞」と呼ばれる。「彼自身のデカルトとの非同一性(The non-identity of himself with Descartes)」という名詞句における「彼自身(himself)」はそのような間接再帰代名詞であるとアンスコムは言うのである。どういうことか。名詞句ではなく、文を使って考えてみよう。まず、通常の（直接）再帰代名詞を用いた文：Descartes is not identical with himself. を見てみよう。この文において、再帰代名詞himselfは、主語Descartesを指示しているのだから、両者の指示対象は同じである。だからこの場合、「デカルトは彼自身と同一ではない」というのは、あからさまな矛盾であり、退けられるべきである。しかし、今問題となっているのはこの種の再帰代名詞ではない。さて、アンスコムによれば、デカルトは＜我思うの思索＞の末に「私はデカルトではない」という結論に至るはずなのであった。この結論に至ったときの彼の様子を、He thinks that Descartes is not identical with himself. という文で表現することができるだろう。この文は間接再帰代名詞を用いた文になっている（アンスコム自身が原著22頁註で触れているように、実際のところ、英語には間接再帰代名詞という固有な形をもつ品詞は存在しないのだが、議論の理解のために、この点はひとまず不問に付すことにしよう）。この文において、himselfは、that節の主語Descartesではなく、

主節の主語 he を指示している。この場合は先ほどとは違い、あからさまな矛盾は生じていない。よって、今問題となっているこの間接再帰のケースを、あからさまな矛盾として退けるわけにはいかない。これでアンスコムは、「私はデカルトではない」の導出は矛盾を導く誤りであると難じる第二の論敵を倒したことになる。

　ところで、間接再帰代名詞は「私」よって説明されねばならないとアンスコムは言っていた。§2でのアンスコムは、この論点によって、「私」とは各人が自分自身について話すときに使う語であるという定義を退けることになる。

【訳】[2]「彼自身のデカルトとの非同一性はもう1つの結論と同様に妥当である」と言い、そして、これをすでに背理として扱わないのは奇妙に見えるだろう。というのも、そのフレーズは「デカルトのデカルトとの非同一性」と同義ではないか [と思われるからである]。

　[3] いや、そうではない。というのも、問題となっているのは通常の再帰代名詞ではなく、「私」によって説明されねばならない、特殊な再帰代名詞だからである。それは文法学者によって「間接再帰」と呼ばれる再帰代名詞であり、そのための特別な形式をもつ言語（たとえばギリシャ語）が存在するのである。

§ 2

> [4] "When John Smith spoke of James Robinson he was speaking of his brother, but he did not know this." That's a possible situation. So similarly is "When John Smith spoke of John Horatio Auberon Smith (named in a will perhaps) he was speaking of himself, but he did not know this." If so, then 'speaking of' or 'referring to' oneself is compatible with not knowing that the object one speaks of is oneself.
>
> [5] Yet we are inclined to think that "It's the word each one uses in speaking of himself" explains what "I" names, or explains "I" as a 'referring expression'. It cannot do so if "He speaks of himself" is compatible with ignorance and we are using the reflexive pronoun, in both cases, in the ordinary way.
>
> [6] Nor can we explain the matter, as we might suppose, by saying "'I' is the word each one uses when he knowingly and intentionally speaks of himself." For did not Smith knowingly and intentionally speak of Smith? Was not the person he intended to speak of—Smith? and so was not the person he intended to speak of—himself?

¶4の3行目に始まる So similarly is "When John Smith ..., but he did not know this." は倒置構文であり、文頭の so は、前文の a possible situation を受けている。¶5の3行目の It cannot do so における it は、前文の that 節の主語 "It's the word each one uses in speaking of himself" を指しており、do so は、その後の explains 以下を受けている。¶6の最初の文：Nor can we explain the matter ... も倒置構文であり、we cannot explain the matter either ... と同じ意味である。

内容に移ろう。「私」という語の意味の説明として容易に思い浮かぶのは、「それは各人が自分自身について話すときに使う語である」というものだろう。しかし、自分自身について話したり、自分自身を指示したりしているの

に、その話の対象や指示対象が自分自身だということを知らないことがありうる。その場合、その当人に欠けているのは、「私が（私こそが）その話の対象ないしは指示対象である」という認識である。このような欠落がありうるがゆえに、この説明は未だ「私」の意味を適切に説明してはいない。そこで、「私」は「各人が、知りながら、そして、意図的に、自分自身について話すときに使う語である」という風に説明の改訂がなされるのだが、それでもなお、この改訂版は「私」の意味を正しく説明していない。アンスコムの例では、ジョン・スミスがジョン・ホレイショ・オウベロン・スミスについて話したり指示したりした際、彼はジョン・H・A・スミスについて話したり指示したりすることを意図しつつ、そうしていた。ここでもやはり、欠けているのは、「私が（私こそが）ジョン・H・A・スミスである」という認識である。だから、「知りながら、そして、意図的に」という言葉を補ったとしても、この説明の仕方では「私」の意味を正しく捉えることができない。

【訳】[4]「ジョン・スミスがジェームズ・ロビンソンのことを話していたとき、彼は自分の兄について話していたのだが、しかし彼はそれを知らなかった」。これはありうる状況である。「ジョン・スミスがジョン・ホレイショ・オウベロン・スミス（おそらく遺言状の中でそう名指されていたのであろう）について話していたとき、彼は自分自身について話していたのだが、それを知らなかった」というのも同様にありうる状況である。そうであるならば、自分自身「について話をすること」や[自分自身]「を指示すること」は、自分が話している対象が自分自身であるのを知らないことと両立する。

[5] しかし、われわれは、「それは各人が自分自身について話すときに使う語である」というのが「私」が何を名指しているのかを説明するとか、あるいは、〈指示表現〉としての「私」を説明するなどと考えがちである。[だが、] もし「彼は自分自身について話している」が無知と両立し、そして、どちらの事例においてもわれわれが再帰代名詞を通常の仕方で使っているのであるならば、そう考えることはできない。

[6]「『私』は各人が、知りながら、そして、意図的に、自分自身について話すときに使う語である」と言うことによってこの問題を説明することも —— われ

われはそのように考えるかもしれないが —— またできない。というのも、スミスはスミスのことを知りながら、そして意図的に話していたのではなかっただろうか？　彼がそれについて話すことを意図していた人物はスミスだったのではないだろうか？　そして、彼がそれについて話すことを意図していた人物もまた彼自身だったのではないだろうか？

> [7] It may be said: "Not in the relevant sense. We all know you can't substitute every designation of the object he intended to speak of and keep the statement about his intention true." But that is not the answer unless the reflexive pronoun itself is a sufficient indication of the way the object is specified. And that is something the ordinary reflexive pronoun cannot be. Consider: "Smith realizes (fails to realize) the identity of an object he calls 'Smith' with himself." If the reflexive pronoun there is the ordinary one, then it specifies for us who frame or hear the sentence, an object whose identity with the object he calls "Smith" Smith does or doesn't realize: namely the object designated by our subject word "Smith" . But that does not tell us what identity Smith himself realizes (or fails to realize). For, as Frege held, there is no path back from reference to sense; any object has many ways of being specified, and in this case, through the peculiarity of the construction, we have succeeded in specifying an object (by means of the subject of our sentence) without specifying any conception under which Smith's mind is supposed to latch onto it. For we don't want to say "Smith does not realize the identity of Smith with Smith."

1行目の「関連する意味においてではない（Not in the relevant sense.）」は、当然その前の内容を受けているのだが、具体的に何に関して言われているのかが読み取りにくい。だが、おそらくは、¶6の最後の文：「彼がそれについ

て話すことを意図していた人物もまた彼自身だったのではないだろうか？」における「彼自身」の意味に関して言われているのであろう。その次の We all know ... は、We all know の後にあるはずの名詞節を導く that が省略され、you can't 以下が know の目的語となる。ここでの you は「あなた」ではなく、人一般を意味しており、不定代名詞として用いられている。you can't 以下は、you can't substitute ... and keep ~. という構造になっていて、「…を substitute しつつ、~ を keep することはできない」と訳す。なお、この文では、reference と同じような意味で designation が使われている。reference には「指示」という訳語を当てているので、designation には別の訳語として「指定」を当てた。3 行目の But that is not ... は、unless 以下の条件が満たされないかぎり、「それは答えではない (that is not the answer)」となる。その次の 5 行目の And that is something ... の主語 that は、前文の a sufficient indication of the way the object is specified を指している。something 以下の補語は something を先行詞とする関係節で、直訳すると「通常の再帰代名詞がそうではありえない何か」となる。9 行目の an object whose identity ... も関係代名詞である。関係節は、関係代名詞が所有格や目的格だったり、あるいは前置詞を伴っていたりすると、即座に読解できない場合がある。その場合、関係節をいちど通常の文の形に戻して読解する必要がある。下から 3 行目の any conception を先行詞とする関係節などはその一例かもしれない。この節を通常の文に直すと、Smith's mind is supposed to latch onto it under any conception. となり、読解しやすくなる。ちなみに、この文の latch onto it の it は an object を指している。

　内容の検討に移ろう。この議論ではドイツの論理学者・哲学者フレーゲ (1848-1925) に帰せられる知見が前提とされている。議論の理解に必要な事柄だけを述べておこう。ここでは語に関する「意味 (reference)」と「意義 (sense)」の区別が重要である。意味とは名詞などの指示表現によって指示される対象のことであり、意義とはその対象を指示する際の仕方のことである。たとえば、「明けの明星」と「宵の明星」という指示表現は、同じ対象（すなわち、金星）を指示している。よって、「意味」は同じである。しかしながら、それらの指示表現が対象を指示する仕方はそれぞれ異なる。「明けの明星」は、「明け方

の東の空にひときわ明るく輝く星」という仕方で、そして「宵の明星」は、「日暮れに西の空にひときわ明るく輝く星」という仕方で、それぞれ金星を指示している。よって、「意義」は異なる。「語の意味」について語るとき、われわれは普段、「意味」と「意義」の２つをあまりきちんと区別せずに語っているのだが、両者は本来、明確に区別されねばならない。

　もう１つ重要なのが、「意義」から「意味」への経路は存在するが、「意味」から「意義」への戻り道は存在しないという知見である。対象を指示する仕方（「意義」）は無数に存在しうる。たとえば、対象：夏目漱石を指示する仕方として、「夏目漱石」「『坊ちゃん』の作者」「千円札の肖像画に描かれている人物」などの言語表現が存在する。これらの言語表現はそれぞれ異なる「意義」をもっているが、どれも同じ１つの対象：夏目漱石を指示している。言い換えれば、それらの「意味」は同じである。だから、どの「意義」も、同じ１つの対象（意味）：夏目漱石へとわれわれを導いてくれる。しかし、夏目漱石という対象（意味）が与えられたとしても、対象を指示する仕方は無数に存在しうるので、われわれはその「意味」から「意義」へと辿ることはできない。だからこそ、たとえば、「夏目漱石は『坊ちゃん』の作者だ」と知っている者が、「夏目漱石は千円札の肖像画に描かれている人物だ」ということを知らないということが起こりうるのである。

　さて、「私」の意味に関して、「各人が知りながら、そして意図的に自分自身について話すときに使う語」という定義が再提案されていた。それに対し、アンスコムは、たとえ「知りながら、そして、意図的に」という言葉を補ったとしても、それは「私」の意味を捉えきれていないと言っていた。このことを、フレーゲの知見を用いて示してみよう。

　スミスの例に示されているように、スミスは「知りながら、そして、意図的に」自分自身について話していたのだが、その際に彼が使っていた「ジョン・H・A・スミス」という語は、提案者の思惑に反して、「私」と同義ではない。というのも、「ジョン・H・A・スミス」という語を用いているスミスは、自分自身が発する「私」という語の指示対象（意味）が自分自身であることを知っているが、その自分自身が「ジョン・H・A・スミス」という表現によっても指示されているということ（「私」と「ジョン・H・A・スミス」は指示対象を同じくし

ているということ、言い換えれば、「私は（私こそが）ジョン・H・A・スミスである」ということ）を知らないからである。このようなことが起こるのは、「私」と「ジョン・H・A・スミス」の意義が異なっているからであり、そして、意味から意義へと辿ることはできないからに他ならない。「私」と「ジョン・H・A・スミス」は、意味は同じだが意義は異なるのである。それゆえ、「私」を「各人が知りながら、そして意図的に自分自身について話すときに使う語」として定義するという提案は退けられるべきなのである。

　だが、提案者は引き下がらない。アンスコムが「スミスは知りながら、そして意図的に彼自身について話していたのではないか」と言うときの「彼自身」という語の意味は、目下の問題に関連する意味ではない、と提案者はなおも反論するのである。その論拠として持ち出されるのが、「彼が話すことを意図していた対象の指定の全てを置き換えつつ、彼の意図についての言明が真であることを保持することはできない」という周知の事実である。

　どういうことか。例を使って考えよう。ジョン・スミスの父親が死亡し、その遺言状には遺産相続人としてジョン・H・A・スミスの名が記されていた、しかし、スミスは遺言状に記されているジョン・H・A・スミスが自分の正式な本名とは露知らず、ジョン・H・A・スミスのことを羨んだ、という例である。すると、「ジョン・スミスはジョン・H・A・スミスを羨んだ」という言明は真である。この言明における「彼が話すことを意図していた対象」とは、「ジョン・H・A・スミス」によって指示される対象に他ならない。というのも、動詞「羨んだ」の目的語は「ジョン・H・A・スミス」だからである。だが、スミス本人は露知らないことなのだが、その対象とは、実はこの言明の主語である「ジョン・スミス」によって指示される対象、すなわちスミス本人である。そこで、「ジョン・H・A・スミス」を再帰代名詞「彼自身」で置き換えてしまおう。すると、「ジョン・スミスは彼自身を羨んだ」という言明が得られる。だが、この言明は、もはや真ではなく偽である。スミスは自分自身を羨んでなどいない。

　一般に、誰かの意図について述べる文に関しては、その意図の対象を指示する表現を、同じ対象を指示する別の表現で置き換え、そうすることで新たな文を作ると、その新たな文の意味は元の文の意味とは違うものになってし

まう(文の真偽が変わってしまう)。だから、それはやってはいけないのである。しかるに、アンスコムは「ジョン・スミスは知りながら、そして意図的にジョン・H・A・スミスについて話していた」という元の文に対し、そこでの意図の対象を指示している「ジョン・H・A・スミス」を再帰代名詞「彼自身」に置き換えることで(この再帰代名詞は主語である「ジョン・スミス」を指示しているのだから、この置き換えは、「ジョン・H・A・スミス」を「ジョン・スミス」に置き換えるに等しい)、「ジョン・スミスは知りながら、そして意図的に彼自身について話していた」という、元の文とは異なる意味をもつ新たな文を作ってしまっている。元の文が、ジョン・スミスは自分自身のことを話しているとは露知らずにジョン・H・A・スミスについて話していたという意味をもつとするならば、アンスコムが作った新たな文の意味は、もはやそれとは異なってしまっている。アンスコムは新たな文を作ることによって、「彼自身」の意味を変えてしまったのだ。提案者によるアンスコムへのさらなる反論の主旨は、おそらくこのようなものであろう。だが、アンスコムによれば、そのさらなる反論は答えになっていない。というのも、再帰代名詞は対象が指示される仕方を示してはくれるものではないからである。

　これもまた、読者に対してあまりにも不親切な素っ気ないコメントなので、解説を要するであろう。すでに見たように、アンスコムが作った新しい文においては、再帰代名詞「彼自身」が「ジョン・H・A・スミス」ではなく「ジョン・スミス」を指示している。そして、このことが元の文と新しい文の意味の違いをもたらしているのであった。では、「ジョン・H・A・スミス」と「ジョン・スミス」の意味の違いとは何か。フレーゲによる「意味」と「意義」の区別を思い出そう。両者ともスミス本人を指示しているのだから、指示対象(意味)は同じである。それゆえ、両者の違いは対象が指示される仕方の違い、すなわち意義の違いに帰することになる。しかし、再帰代名詞自体は、もっぱら文中において先行する名詞を指示するにすぎず、対象が指示される仕方を示してくれるものではない(よって意義をもたない)。それゆえ、「彼自身」の意味が違うのだ、という反論は、無効な反論である。アンスコムはこのように言っているのである。

　次に行こう。「スミスは、彼が＜スミス＞と呼ぶ対象の彼自身との同一性を

認識している（認識しそこねている）」という例文（引用文中の下線で示された文）が提示される。この文において、「彼自身」は先行する主語「スミス」の再帰代名詞なのだから、この文の読み手は、指示表現である主語「スミス」によって、その指示対象（「意味」）：スミスへと辿り着く。そして、すでに見たように、「意味」から「意義」へと辿ることはできないのだから、指示対象：スミスが実はスミス本人が＜スミス＞と呼ぶ対象と同一であると知ることは、本来できないはずである。しかし、この文が、主語「スミス」とスミス本人が発する＜スミス＞の「意味」は同じであると告げてくれているおかげで、すなわち、この文がもつ「構文の特殊性」のおかげで、読み手は、スミスが「スミス」という表現だけでなくスミス本人が発する＜スミス＞という表現によっても指示されていると知るのである。その際、スミス本人が発する＜スミス＞がいかなる仕方でいかなる対象を指示すべく意図されている（＝スミスが心に何を思い浮かべながらある対象について考えている）のかは、何ら特定されてはいない。それにもかかわらず、スミス本人が＜スミス＞と呼ぶ対象が何であるのかを読み手が特定しえているのは、ひとえにこの文の特殊性のおかげである。

【訳】[7]「[それは] 関連する意味においてではない。彼が話すことを意図していた対象の指定の全てを置き換えつつ、彼の意図についての言明が真であることを保持することはできないということを、われわれはみな知っている」と言われるかもしれない。しかし、再帰代名詞自体が、対象が特定される仕方を十分に指定するのでないかぎり、それは答えではない。そして、それは通常の再帰代名詞がなしえないことなのである。「スミスは、彼が＜スミス＞と呼ぶ対象の彼自身との同一性を認識している（認識しそこねている）」という文を考えよう。もし、そこでの再帰代名詞が通常の再帰代名詞ならば、その文を形成したり、あるいは聞いたりしているわれわれに対して、ある対象を、すなわち、スミスが自ら「スミス」と呼ぶ対象との同一性を認識している、あるいはしていないところのある対象を、すなわち、われわれの主語「スミス」によって指定される対象を、われわれのために特定する。しかし、それはスミス自身がどのような同一性を認識しているか（あるいはしそこねているか）をわれわれに告げてはくれない。という

のも、フレーゲが考えたように、意味から意義へと戻る経路は存在しないからである。どんな対象にもいくつもの特定される仕方があり、この事例では、構文の特殊性によって、われわれは、スミスが心に何を思い浮かべながらある対象について考えているのかを何ら特定することなく、（われわれの文の主語によって）その対象を特定することに成功した。というのも、われわれは「スミスはスミスのスミスとの同一性を認識していない」と言いたくはないからである。

[8] We only have to admit a failure of specification of the intended identity, if we persist in treating the reflexive in "He doesn't realize the identity with himself" as the ordinary reflexive. In practice we have no difficulty at all. We know what we mean Smith doesn't realize. It is: "I am Smith." But if that is how we understand that reflexive, it is not the ordinary one. It is a special one which can be explained only in terms of the first person.

[9] If that is right, the explanation of the word "I" as 'the word which each of us uses to speak of himself' is hardly an explanation! — At least, it is no explanation if that reflexive has in turn to be explained in terms of "I"; and if it is the ordinary reflexive; we are back at square one. We seem to need a sense to be specified for this quasi-name "I". To repeat the Frege point: we haven't got this sense just by being told which object a man will be speaking of, whether he knows it or not, when he says "I". Of course that phrase "whether he knows it or not" seems highly absurd. His use of "I" surely guarantees that he does know it! But we have a right to ask what he knows; if "I" expresses a way its object is reached by him, what Frege called an "Art des Gegebenseins", we want to know what that way is and how it comes about that the only object reached in that way by anyone is identical with himself.

英文はさほど難しくないだろう。¶8の4行目の We know what we mean Smith doesn't realize. における動詞 mean は「〜のつもりである、〜のつもりで言う」という意味であり、what 以下は「スミスが認識していないとわれわれが思っていること」と訳した。¶9の5行目の We seem to need a sense to be specified for this quasi-name "I". の目的語 a sense には、受け身の不定詞句 to be specified ... が付属しており、形容詞的に用いられている。このような場合、to be specified は「特定されるべき」といったように「義務」の意味を帯びるようになる。¶9の最後から2行目に始まる名詞句 how it comes about that ... は、come about が「生じる」という意味なので、句全体で、that 以下の内容がどのようにして生じるのか、という意味になる。

　内容に移ろう。ここでは ¶7 の例文の省略形と思われる He doesn't realize the identity with himself. が挙げられている。この文や ¶7 の例文における himself は、実は通常の再帰代名詞ではなく、特殊な再帰代名詞であるというのが、ここでのアンスコムの主張である。¶7 の例文は特殊な文であると言われていたが、その特殊性は、文の中で使用される再帰代名詞「彼自身」が、「彼が＜スミス＞と呼ぶ対象」ではなく「スミス」を指示する、特殊な「間接再帰代名詞」であるという点に由来する。このことは、¶7 の例文を that 節を含む文：Smith realizes (fails to realize) that an object he calls 'Smith' is identical with himself. へと書き換えてみれば、はっきりする。himself は、that 節中の主語 an object he calls 'Smith' ではなく、それを飛び越えて、主節の主語 Smith を指示する間接再帰代名詞である。この間接再帰代名詞の特殊性は、通常の再帰代名詞のように単に先行する主語「スミス」を指示するだけでなく、そうすることによって、主語「スミス」と「彼が＜スミス＞と呼ぶ対象」の指示対象（「意味」）が同じであるということを告げてくれるという点にある。主語「スミス」の指示対象が、スミス本人が＜スミス＞と呼ぶ対象と同じである（スミス自身の一人称の観点から述べなおすと、「私は＜スミス＞である」）ということ——これこそが、＜スミス＞を用いる際のスミス本人が知るべきだが知りそこねているかもしれない知識なのである。そして、この知識の欠落の可能性ゆえに、スミスの発する＜スミス＞は「私」と同義ではなく、それゆえに「各人が自分自身について話すときに使う語」は「私」

の定義となりえないのである。だが、もしある者がこの定義を適切な定義として受け入れるのであるならば、その者はこの定義における「自分自身」を間接再帰代名詞として、すなわち、スミス本人が知るべきだが知りそこねているかもしれない「私は＜スミス＞である」という知識を読み手に与えてくれる特殊な再帰代名詞として理解しているのである。しかしそうなると、そのような特殊な再帰代名詞を用いてなされるこの定義には、「私は＜スミス＞である」というような知識が含まれていることになる。つまり、「私」という語の定義の中に「私」という語が登場するのである。この循環は定義として甚だまずい。ほとんど説明になっていない。かといって、定義における「自分自身」を通常の再帰代名詞と見なすこともできない。というのも、通常の再帰代名詞では、スミス本人が知るべき「私は＜スミス＞である」という知識を読み手に伝えることができないからである。よってやはり、「各人が自分自身について話すときに使う語」は「私」の定義として失格であるという結論にならざるをえない。

　一人称として用いられるのは、なにも「私」だけではない。老年のジャン・クリストフがそうであったように、自分の名前を「私」の代わりに用いることも可能である。だが、老年のジャン・クリストフが「クリストフが笑うだろう」と言うとき、彼は「私は（私こそが）クリストフである」と知りつつ「クリストフ」を一人称に用いていたのである。この「私は（私こそが）クリストフである」という仕方で表現される知識 —— これを自己知あるいは自己意識と呼んでもいいだろう —— こそが、一人称には不可欠なのである。しかるに、「私」とは各人が自分自身について話すときに使う語であるという説明は、この不可欠な知識を汲み取れていない。それゆえにこの説明は説明として不適格なのである。

　さて、¶9で「私」を「疑似名詞」と呼んでいることに示されるように、§2でのアンスコムは、さしあたり「私」を一種の名前とみなしつつ、考察を進めてきた。彼女はこれ以降も同様に「私」を一種の名前とみなしつつ考察を進めることになる。もし「私」という語が名前であるならば、それはその指示対象に到達する仕方を表現しているであろう。では、その仕方とは何であるのか。そして、その仕方で到達される対象は必ず「私」という語を発する

者自身であるのはいかにしてか。

【訳】[8]「彼は自分自身との同一性を認識していない」における再帰代名詞を通常の再帰代名詞として扱うことに固執するのであるならば、われわれは意図された同一性の特定に失敗したことを認めるだけでよい。実践的には何の困難もない。われわれはスミスが認識していないとわれわれが思っていることが何かを知っている。それは「私はスミスである」ということである。しかし、もしそれが、われわれがこの再帰代名詞を理解する仕方であるならば、それは通常の再帰代名詞ではない。それは一人称によってのみ説明されうる特殊な再帰代名詞なのである。

[9] もしそれが正しいならば、「私」という語に関する、「われわれ各人が自分自身について語るために使う語」という説明はほとんど説明になってはいない！少なくとも、もしこの再帰代名詞が今度は「私」によって説明されねばならないのであるならば、それは説明になってはいない。そして、もしそれが通常の再帰代名詞であるならば、われわれは振り出しに戻ることになる。われわれは、この「私」という疑似名詞に対して、特定されるべき意味を必要とするようである。フレーゲの要点を繰り返すならば、われわれは、ある人が「私」と言うとき、その人がどの対象について語っているか —— 彼がそれを知っていようがいまいが —— を告げられることのみによってその意味を知ったのではない。無論、「彼がそれを知っていようがいまいが」というこのフレーズはとても馬鹿げているように見える。彼が「私」を使っているということは、彼がそれを知っているということを確かに保証するのだ！しかし、われわれには彼が何を知っているのかと尋ねる権利があるのだ、つまり、もし「私」がその対象に彼が到達する仕方を表現しているのであるならば、すなわち、フレーゲの言う「与えられる仕方」(Art des Gegebenseins) を表現しているのであるならば、その仕方が何であるのかを、そして、だれにとってもその仕方で到達される唯一の対象はその人自身と同一であるということがいかにして生じるのかを、われわれは知りたいのである。

§ 3

「私」が名前であるとするならば、それは各人がもっぱら自分自身を指示するために用いる固有名詞であろう。そこでアンスコムは、各人の背中と胸には、人ごとに異なる文字(「B」、「C」、...「Z」)が、当人には見えないが、刻印されていて、各人の手首の内側には、一律に「A」の文字が刻印されているような人々を想定する。彼らの間では、「B」、「C」、...「Z」は、それが刻印されている当人以外の人々がその当人を指示するための固有名詞として用いられ、「A」は各人が自分自身を指示するための固有名詞として用いられる。だから、彼らの内の一人であるBは、自分自身の行動について観察し、それを報告する際には、「Aは〜をした」と述べることであろう。それはあたかも、われわれの内のだれもが自分自身の行動について報告する際に「私は〜をした」と述べるがごとくである。しかし、Bによる「Aは〜をした」という報告とわれわれによる「私は〜をした」という報告は同じではない。というのも、「Aは〜をした」と報告するBには、「自分こそがそれを行ったAである」という意識 ―― 自己意識 ―― が欠けているからである。固有名詞「A」を用いる人々は、自己意識をもたないという点で、「私」を用いるわれわれとは違っており、この違いが固有名詞「A」と「私」との違いをもたらすことになる。

自己意識とは、「私」を用いる者がもっていて、そして固有名詞「A」を用いる者に欠けている何かである。では、そのような自己意識とはいったい何なのか?われわれが「ロンドン」という固有名詞を繰り返し使うとき、われわれはある同じ都市を繰り返し思い浮かべる。あるいは、われわれが「テムズ」という固有名詞を繰り返し使うとき、われわれはある同じ川を繰り返し思い浮かべる。このように、ある固有名詞をある対象のために使用するということには、その対象を繰り返し思い浮かべることが結びついている。ここで、もし「私」がある対象 ―― 自己 ―― の固有名詞であるならば、自己意識とはその自己を繰り返し思い浮かべることであると考えることができそうである。しかしその場合、2つの異なる時点で思い浮かべられたそれぞれの自己が数的に同一だということをどのようにして知りうるのだろうか、という自己の再同定 (reidentification of the self) の問題 (あるいは自己の同一性の問題)

が生じてくる。

　だがしかし、実のところ、自己の再同定は何ら「私」の果たすべき役割の一部ではないとアンスコムは言う（原著27頁）。どういうことか。たとえば、5分ごとに過去の記憶を失う人物がいると想定しよう。この人物にとって5分前の自己は現在の自己と同一ではない。それはいわば別人である。それでもこの人物は問題なく「私」を用いることができるであろう。このことが示すのは、一人称の使用は自己の再同定を要せず、一人称の使用の問題は対象の再同定の問題とは無関係だということである。しかるに、固有名詞はその使用者に対して、指示対象を再同定できることを要求する。だとするならば、「私」は固有名詞ではないだろう。それは固有名詞とは別の指示表現なのである。

　対象の再同定にコミットしない指示表現としては、「これ」や「あれ」などの指示代名詞が存在する。ならば、「私」は指示代名詞の一種として説明されうるのではないだろうか？　かくして、§4では指示代名詞が検討されることになる。

§ 4

> [10] Those singular pronouns called demonstratives ("this" and "that") are a clear example of non-names which function logically as names. For in true propositions containing them they provide reference to a distinctly identifiable subject-term (an object) of which something is predicated. Perhaps, then, "I" is a kind of demonstrative.
>
> [11] Assimilation to a demonstrative will not — as would at one time have been thought — do away with the demand for a conception of the object indicated. For, even though someone may say just "this" or 'that', we need to know the answer to the question "this *what*?" if we are to understand him; and he needs to know the answer if he is to be meaning anything.
>
> [12] Thus a singular demonstrative, used correctly, does provide us with a proper logical subject so long as it does not lack a 'bearer' or 'referent', and so it conforms to the logician's requirement for a name. And the answer to the question "this what?" might be taken to be "this self", if it can be shewn that there are selves and that they are apparently what is spoken of by all these people saying "I". Thus would these philosophical inquiries about selves have a certain excuse.

　英文は平易なので特に解説を要しないであろう。¶11 の最初の assimilation to a demonstrative は、直訳すると「指示代名詞への同化」だが、その意味するところは、「私」を指示代名詞として理解することなので、そのように訳した。
　固有名詞と同様に、「これ」や「あれ」などの指示代名詞も対象を指示する。そして、固有名詞の場合と同じく、指示代名詞（たとえば、「これ」）においても、それを理解するためには、その指示代名詞が指示する対象（「この何」）が思い浮かべられる必要がある。それゆえ、「私」を指示代名詞と見なすのである

第5講

ならば、「私」という語の理解においても、それが指示する対象——自己——が思い浮かべられねばならないであろう。

【訳】[10] (「これ」や「あれ」などの) 指示代名詞と呼ばれるそれら単数代名詞は、論理的には名前として機能する非‐名詞の明確な事例である。というのも、それらを含む真なる命題において、それらは、それについて何ごとかが述語づけられるような、別個に同定可能な主語 (ある対象) への指示を与えるからである。するとおそらく、「私」は指示代名詞の一種なのである。

[11] 指示代名詞として理解することは——かつてそう考えられたであろうように——指示された対象を思い浮かべることへの要求を取り除きはしないであろう。というのも、だれかが単に「これ」とか「あれ」とか言うことができるとしても、彼の言うことを理解しようとするならば、われわれは「この何？」という問いの答えを知る必要があり、そして、彼が何ごとかを意味しているとするならば、彼はその答えを知っている必要があるからである。

[12] かくして、単数指示代名詞は、正しく使われるならば、それが「担い手」や「指示物」を欠いていないかぎり、適切な論理的主語をわれわれに与えてくれる。そして、それは論理学者が名前に対して要求することに適合する。そして、もし自己なるものが存在し、かつ、それらが明らかに「私」と発するこれらすべての人々によって語られるものであるということが示されうるならば、「この何？」という問いに対する答えは、「この自己」であるとされるかもしれない。かくして、自己に関するこれら哲学的探究はある１つの口実をもつことになるであろう。

[13] It used to be thought that a singular demonstrative, "this" or "that", if used correctly, could not lack a referent. But this is not so, as comes out if we consider the requirement for an answer to "this what?". Someone comes with a box and says "This is all that is left of poor Jones." The answer to "this what?" is "this parcel of ashes"; but unknown to the speaker the box is empty. What "this"

> has to have, if used correctly, is something that it *latches on to* (as I will put it): in this example it is the box. In another example it might be an optical presentation. Thus I may ask "What's that figure standing in front of the rock, a man or a post?" and there may be no such object at all; but there is an appearance, a stain perhaps, or other marking of the rock face, which my "that" latches on to. The referent and what "this" latches on to may coincide, as when I say "this buzzing in my ears is dreadful", or, after listening to a speech, "That was splendid!" But they do not have to coincide, and the referent is the object of which the predicate is predicated where "this" or "that" is a subject.

　7行目で latches on to という表現が使われている。latch は名詞としてはドアなどの掛け金のことで、動詞としては掛け金を掛けること、ないしは、掛け金が掛かっていることを意味する。ある者が箱を持ってやってきて、「これ」と言うとき、あるいは「岩の前に立っているあれは何？人それとも柱？」と尋ねるとき、そこで用いられる「これ」や「あれ」を掛け金にたとえるならば、それらは「箱」や「岩の前に見えている何か」に引っ掛かっているということになる。しかし、箱の中身は空かもしれないし、岩の前には人も柱も存在しないかもしれない。それゆえ、指示代名詞はときにその指示対象をもたないことがある、というのがこの ¶13 の主旨である。

【訳】[13]「これ」や「あれ」などの単数指示代名詞は、正しく使われるならば、指示物を欠くことはありえないと考えられてきた。だが、もしわれわれが「この何？」に対しては答えが要求されるということを考えるならば、そうはならないということが判明する。だれかが箱をもってやってきて、「これが哀れなジョーンズに関して残されたすべてだ」と言う。「この何？」に対する答えは「この遺灰の包み」というものである。しかし、話し手の知らないことだが、その箱は空である。「この」になくてはならないのは、もしそれが正しく使われるのならば、(言うなれば) それが引っ掛かっている何かなのである。この例では、それは箱である。

第 5 講

もうひとつの例では、それは視覚的表象かもしれない。だから、私は「岩の前に立っているあれは何？ 人それとも柱？」と問うことができ、そしてそんな対象は全然存在しないかもしれないのである。しかし、何かが見えていることは確かである。それは汚れかもしれないし、岩の表面に付けられた何かの印かもしれないが、それに私の「あれ」は引っ掛かっているのである。指示物と「この」が引っ掛かっているものは、私が「私のこの耳鳴りはすごくイヤだ」と言うときや、スピーチを聞いた後で「あれは素晴らしかった！」と言うときのように、一致するかもしれない。しかし、それらは一致する必要はない。そして、指示物は「これ」や「あれ」が主語であるときに述語が述語づけられるところの対象なのである。

---

[14] There is no other pronoun but a demonstrative to which "I" could plausibly be assimilated as a singular term that provides a reference. Of course someone may say: "Why assimilate it at all? Each thing is what it is and not another thing! So "I" is a pronoun all right, but it is merely the pronoun that it is." But that is no good, because 'pronoun' is just a rag-bag category; one might as well say: "it is the word that it is." The problem is to describe its meaning. And, if its meaning involves the idea of reference, to see what 'reference' is here, and how accomplished. We are now supposing that it is not accomplished as it is for a regular proper name; then, if "I" is not an abbreviation of a definite description, it must catch hold of its object in some other way — and what way is there but the demonstrative?

---

3 行目の Why assimilate it at all? は、Why do you assimilate it at all? の省略である。下から 5 行目の how accomplished は、to see how 'reference' is accomplished is here の省略と解するべきであろう。

対象を指示する表現としては、固有名詞と確定記述と指示代名詞が存在する。もし「私」が対象を指示する表現であるならば、それはこれら3つの内

のどれかに該当するだろう。3つの候補のうち固有名詞である可能性は、すでに§3で退けられた。この§4では、次なる候補として指示代名詞が検討に付されている。では、残る1つである確定記述についてはどうか。[14] の下から3行目にはじまる「もし『私』が確定記述の省略でないとするならば (if "I" is not an abbreviation of a definite description)」という部分に示唆されているように、アンスコムは、「私」は確定記述（の省略）ではないと考えている。本章では、彼女がそれについて述べている箇所（原著31-2頁）を扱うことはできないのだが、ここで一応簡単な説明を与えておくべきであろう。

　確定記述とは唯一の個体を指示する記述表現のことである。たとえば、「『坊ちゃん』の著者」という記述によって、われわれは夏目漱石という個体を指示することができる。他にも「千円札の肖像画の人物」など、夏目漱石を指示する確定記述は数多く存在する。固有名詞「夏目漱石」は、それらの確定記述の省略と見なすことができる。ちょうど、「切り裂きジャック」が「1888年にロンドンで起こった一連の猟奇殺人の犯人」という記述の省略であるように。

　では、「私」とはいかなる確定記述の省略なのだろうか。§1のデカルトの自我論を思い出そう。＜我思うの思索＞の末にその存在が結論されるところの「私」とは、「その＜我思うの思索＞をしている者」なのであった。すると、「私」は「その＜我思うの思索＞をしている者」という記述の省略であると考えられそうである。だが、その記述は唯一の個体を指示しているだろうか？ その記述に当てはまるのがただ1つの個体であるとどうして知りうるのだろうか？ アンスコムはここで、その＜我思うの思索＞が複数の者によって一緒に行われている可能性や、あるいは複数の者によって引き継がれながら行われている可能性に言及する。これらの可能性を排除することはできない。それゆえ、「その＜我思うの思索＞をしている者」という記述ないしはその記述の省略形としての「私」が、ある対象を確定的に指示しているとは言えない。かくして、「私」はある確定記述の省略として対象を指示しているという考えが退けられることとなり、先の3つの候補の内、指示代名詞だけが残ることになる。

【訳】[14]「私」が、指示を与える単数語としてもっともらしい仕方で同化[＝理解]されうる代名詞は指示代名詞の他には存在しない。もちろん、「なぜそもそもそれを同化するのか？それぞれのものはあるがままなのであり、他のものではないのだ！だから『私』は代名詞でいいのだ、だが、それは単にあるがままの代名詞なのだ」と言う者がいるかもしれない。しかし、それは何にもならない。なぜならば、＜代名詞＞は、雑多な寄せ集めのカテゴリーでしかないからだ。人はこうも言えるだろう、「それはあるがままの語である」と。問題はその意味を記述することである。そして、もしその意味が指示の観念を含んでいるのならば、ここでこそ＜指示＞が何であるか、そして、それはいかにして成し遂げられるのかを知るべきである。いまわれわれは、それ[指示]は正規の固有名詞のような仕方では成就されないと考えている。すると、もし「私」が確定記述の省略でないとするならば、それは他の仕方でその対象を捉えなくてはならない。だが、指示代名詞以外の方法が存在するのだろうか？

では、「私」とは指示代名詞であり、指示代名詞として対象を指示しているのだろうか？アンスコムは、「私」と通常の指示代名詞の間にはある重要な違いが存在すると指摘する。その違いとは、通常の指示代名詞において起こりうる指示の失敗が「私」においては起こりえないということである。通常の指示代名詞においては、先の例にもあるように、遺灰が存在しないのに「この遺灰の包み」と言うような場合に指示の失敗が生じる。これに対し、われわれが「私」と言うとき、その指示対象が実は存在しなかったということや、あるいは、間違った対象を指示していたということは起こりえない。「私」に関しては指示の失敗は起こりえず、その指示は保証されているのである。この重要な違いゆえに、「私」を指示代名詞として理解するわけにはいかなくなる。

§5

　§2で読んだ¶9の最後で、アンスコムは「私」に関する問いについて、次のように述べていた。

　もし「私」がその対象に彼が到達する仕方を表現しているのであるならば、…その仕方が何であるのかを、そして、だれにとってもその仕方で到達される唯一の対象はその人自身と同一であるということがいかにして生じるのかを、われわれは知りたいのである。

　もし「私」が指示表現であるならば、それは「私」と発する者がその指示対象に到達する仕方を表現しているはずである。そして、その仕方によって到達される対象は、過つことなくその発話者自身である。「私」には指示の失敗がなく、その成功は保証されている。では、どうしてそのようなことが可能なのだろうか。これがアンスコムの問いである。一般に指示表現には、意図した対象とは違った対象を指示してしまうとか、指示対象が存在しないといった指示の失敗が伴いうる。しかし、「私」にはそのような失敗がありえない。なぜそうなのか？ここでアンスコムは次のような驚くべき見解を提示する。

　間違った対象をつかむことは排除されている。そして、そのことによってわれわれは、正しい対象をつかむことが保証されていると考える。しかし、その［間違った対象をつかむことが排除されている］理由とは、対象をつかむことなど［そもそも］全くないというものである。（原著32頁）

　「私」が指示の失敗を免れているのは、そもそも「私」が対象を指示していないからだとアンスコムは言う。「私」は指示表現ではない。だとすれば——アンスコムはさらに続ける——「私はエリザベス・アンスコムである」という言明は同一性言明ではない（原著33頁）。「私」が何ら対象を指示していないとすれば、「私はE.A.である」は＜「私」の指示対象＝「E.A.」の指示対象＞という同一性に関する言明ではありえない。§1で見た、＜我思うの思索＞

の結論としての「私はデカルトではない」も、ここで言われている同一性言明の否定を表現していると解しうる。

なるほど、アンスコムの言うとおりかもしれない。「私」をどんな指示表現（指示表現Ｘ）と見なそうとも、「私は（私こそが）そのＸである」と言う余地が常に残る。そして、この「私は（私こそが）Ｘである」という自己知ないしは自己意識こそが、「私」を用いる者に必ず伴っていなくてはならず、そして、固有名詞Ａの使用者には欠けているものなのであった。いかなる指示表現も、この自己知ないしは自己意識を汲み取ることができない。アンスコムによれば、「私」とは、この自己知ないしは自己意識の表現なのであって、それは何かある個体を指示しているわけではない（原著34頁）。

ところで、ある者がこの自己知ないしは自己意識をもっているか否かは第三者にとって観察可能であるとアンスコムは言う。アンスコムは、そのことを示すべく、自己意識を欠いている人物のエピソードを、ウィリアム・ジェームズの『心理学原理』から引用し紹介している。このエピソードは自己意識とは何かを示す面白いイラストレーションとなっている。紙幅も尽きたので、最後にそれを読んで本章を締めくくることにしよう。

---

[15] We were driving in a wagonette; the door flew open and X, alias 'Baldy', fell out on the road. We pulled up at once, and then he said 'Did anyone fall out?' or 'Who fell out?'—I don't exactly remember the words. When told that Baldy fell out he said 'Did Baldy fall out? Poor Baldy!'

【訳】[15] われわれは馬車に乗っていた。すると、そのドアが開いてしまい、"ボルディー"ことＸ氏が路上に落下した。われわれは直ちに馬車を止めた。すると彼は、正確な言葉は覚えていないが、「だれかが落ちたのか？」、あるいは「だれが落ちたんだ？」と言った。ボルディーが落ちたのだと聞かされると、彼は言った。「ボルディーが落ちたって？かわいそうなボルディー！」

読書案内

自我論に関する古典的文献で「一人称」の内容に関連するものとして、次の2冊を挙げておく。

デカルト『哲学原理』
ロック『人間知性論（二）』

自我論に関する日本語文献は数多く存在する。3冊だけ紹介しておこう。

中島義道『カントの自我論』
永井均『＜私＞のメタフィジックス』
シドニー・シューメイカー『自己知と自己同一性』

言語哲学における指示の理論に関しては、飯田隆『言語哲学大全』（勁草書房）の第Ⅰ巻と第Ⅲ巻を参照されたい。

アンスコムの「一人称」を主題とした論文として、三平正明「一人称」『イギリス哲学研究 第 33 号』（日本イギリス哲学会、2010 年）がある。ちなみに、この号にはロックの自我論を扱った拙論「ロックの人格同一性論」も収録されている。

（1）デカルト『哲学原理』桂寿一訳、岩波文庫、1964 年
（2）ロック『人間知性論（二）』大槻春彦訳、岩波文庫、1974 年
（3）中島義道『カントの自我論』岩波現代文庫、2007 年
（4）永井均『＜私＞のメタフィジックス』勁草書房。1986 年
（5）シドニー・シューメイカー『自己知と自己同一性』菅豊彦・浜渦辰二訳、勁草書房、1989 年

<解説英文全文>

Saul Kripke has tried to reinstate Descartes's argument for his dualism. But he neglects its essentially first-person character, making it an argument about the non-identity of Descartes with his own body.

Whatever else is said, it seems clear that the argument in Descartes depends on results of applying the method of doubt. But by that method Descartes must have doubted the existence of the man Descartes: at any rate of that figure in the world of his time, that Frenchman, born of such-and-such a stock and christened René; but also, even of the man—unless a man isn't a sort of animal. *If*, then, the non-identity of himself with his own body follows from his starting-points, so equally does the non-identity of himself with the man Descartes. "I am not Descartes" was just as sound a conclusion for him to draw as "I am not a body." To cast the argument in the third person, replacing "I" by "Descartes", is to miss this. Descartes would have accepted the conclusion. That mundane, practical, everyday sense in which it would have been correct for him to say "I am Descartes" was of no relevance to him in these arguments. That which is named by "*I*" — *that*, in *his* book, was not *Descartes*.

It may seem strange to say: "The non-identity of himself with Descartes was as valid a conclusion as the other" and not treat this as already a *reductio ad absurdum*. For is that phrase not equivalent to "the non-identity of *Descartes* with Descartes"?

No. It is not. For what is in question is not the ordinary reflexive pronoun, but a peculiar reflexive, which has to be explained in terms of "I". It is the reflexive called by grammarians the 'indirect reflexive' and there are languages (Greek, for example) in which there is a special form for it.

"When John Smith spoke of James Robinson he was speaking of

his brother, but he did not know this." That's a possible situation. So similarly is "When John Smith spoke of John Horatio Auberon Smith (named in a will perhaps) he was speaking of himself, but he did not know this." If so, then 'speaking of' or 'referring to' oneself is compatible with not knowing that the object one speaks of is oneself.

Yet we are inclined to think that "It's the word each one uses in speaking of himself" explains what "I" names, or explains "I" as a 'referring expression'. It cannot do so if "He speaks of himself" is compatible with ignorance and we are using the reflexive pronoun, in both cases, in the ordinary way.

Nor can we explain the matter, as we might suppose, by saying "'I' is the word each one uses when he knowingly and intentionally speaks of himself." For did not Smith knowingly and intentionally speak of Smith? Was not the person he intended to speak of — Smith? and so was not the person he intended to speak of — himself?

It may be said: "Not in the relevant sense. We all know you can't substitute every designation of the object he intended to speak of and keep the statement about his intention true." But that is not the answer unless the reflexive pronoun itself is a sufficient indication of the way the object is specified. And that is something the ordinary reflexive pronoun cannot be. Consider: "Smith realizes (fails to realize) the identity of an object he calls 'Smith' with himself." If the reflexive pronoun there is the ordinary one, then it specifies for us who frame or hear the sentence, an object whose identity with the object he calls "Smith" Smith does or doesn't realize: namely the object designated by our subject word "Smith" . But that does not tell us what identity Smith himself realizes (or fails to realize). For, as Frege held, there is no path back from reference to sense; any object has many ways of being specified, and in this case, through the peculiarity of the construction, we have succeeded in specifying an object (by means of the subject of our sentence) without specifying any conception under which Smith's mind is supposed to latch onto it. For we don't want to say "Smith does not realize the identity of Smith with Smith."

We only have to admit a failure of specification of the intended identity, if we persist in treating the reflexive in "He doesn't realize the identity with himself" as the ordinary reflexive. In practice we have no difficulty at all. We know what we mean Smith doesn't realize. It is: "I am Smith." But if that is how we understand that reflexive, it is not the ordinary one. It is a special one which can be explained only in terms of the first person.

If that is right, the explanation of the word "I" as 'the word which each of us uses to speak of himself' is hardly an explanation! — At least, it is no explanation if that reflexive has in turn to be explained in terms of "I"; and if it is the ordinary reflexive; we are back at square one. We seem to need a sense to be specified for this quasi-name "I" . To repeat the Frege point: we haven't got this sense just by being told which object a man will be speaking of, whether he knows it or not, when he says "I". Of course that phrase "whether he knows it or not" seems highly absurd. His use of "I" surely guarantees that he does know it! But we have a right to ask what he knows; if "I" expresses a way its object is reached by him, what Frege called an "Art des Gegebenseins" , we want to know what that way is and how it comes about that the only object reached in that way by anyone is identical with himself.

Those singular pronouns called demonstratives ("this" and "that") are a clear example of non-names which function logically as names. For in true propositions containing them they provide reference to a distinctly identifiable subject-term (an object) of which something is predicated. Perhaps, then, "I" is a kind of demonstrative.

Assimilation to a demonstrative will not — as would at one time have been thought — do away with the demand for a conception of the object indicated. For, even though someone may say just "this" or 'that", we need to know the answer to the question "this *what*?" if we are to understand him; and he needs to know the answer if he is to be meaning anything.

Thus a singular demonstrative, used correctly, does provide us with a proper logical subject so long as it does not lack a 'bearer' or 'referent', and so it conforms to the logician's requirement for a name. And the answer to the question "this what?" might be taken to be "this self", if it can be shewn that there are selves and that they are apparently what is spoken of by all these people saying "I". Thus would these philosophical inquiries about selves have a certain excuse.

It used to be thought that a singular demonstrative, "this" or "that", if used correctly, could not lack a referent. But this is not so, as comes out if we consider the requirement for an answer to "this what?". Someone comes with a box and says "This is all that is left of poor Jones." The answer to "this what?" is "this parcel of ashes"; but unknown to the speaker the box is empty. What "this" has to have, if used correctly, is something that it *latches on to* (as I will put it): in this example it is the box. In another example it might be an optical presentation. Thus I may ask "What's that figure standing in front of the rock, a man or a post?" and there may be no such object at all; but there is an appearance, a stain perhaps, or other marking of the rock face, which my "that" latches on to. The referent and what "this" latches on to may coincide, as when I say "this buzzing in my ears is dreadful", or, after listening to a speech, "That was splendid!" But they do not have to coincide, and the referent is the object of which the predicate is predicated where "this" or "that" is a subject.

There is no other pronoun but a demonstrative to which "I" could plausibly be assimilated as a singular term that provides a reference. Of course someone may say: "Why assimilate it at all? Each thing is what it is and not another thing! So "I" is a pronoun all right, but it is merely the pronoun that it is." But that is no good, because 'pronoun' is just a rag-bag category; one might as well say: "it is the word that it is." The problem is to describe its meaning. And, if its meaning involves the idea of reference, to see what 'reference' is here, and how accomplished. We are now supposing that it is not accomplished as it is for a regular proper name; then, if "I" is not an abbreviation of a definite description, it must catch hold of its object in some other way — and what way is there but the demonstrative?

We were driving in a wagonette; the door flew open and X, alias 'Baldy', fell out on the road. We pulled up at once, and then he said 'Did anyone fall out?' or 'Who fell out?'— I don't exactly remember the words. When told that Baldy fell out he said 'Did Baldy fall out? Poor Baldy!'

【編者プロフィール】
▶入不二　基義（いりふじ・もとよし）
青山学院大学教育人間科学部教授。専門は「私」論・相対主義論・時間論・運命論など。著書に『足の裏に影はあるか？　ないか？　哲学随想』（朝日出版社）ほか多数。51歳でレスリングを始め、52歳で試合デビューも果たす。

【著者プロフィール】
第１講
▶北野　安寿子（きたの・やすこ）
法政大学サステイナビリティ研究教育機構、国際化推進事業プロジェクト、リサーチ・アシスタント。専門はカント哲学、心の哲学、認知哲学。

第２講
▶小池　翔一（こいけ・しょういち）
東京大学大学院総合文化研究科博士課程。専門は自由論。

第３講
▶小山　悠（こやま・ゆう）
宇都宮大学・武蔵野美術大学非常勤講師。専門は認識論。

第４講
▶壁谷　彰慶（かべや・あきよし）
千葉大学人文社会科学研究科特別研究員。敬愛大学・芝浦工業大学・千葉大学非常勤講師。専門は分析哲学、行為論、情報倫理学。

第５講
▶今村　健一郎（いまむら・けんいちろう）
埼玉大学准教授。著書に『労働と所有の哲学—ジョン・ロックから現代へ』（昭和堂）ほか。専門は英語圏の近現代哲学。

【英文版権】
Chapter 1
Excerpt from *JUSTICE: WHAT'S THE RIGHT THING TO DO?* by Michael J. Sandel. Copyright © 2009 by Michael J. Sandel. Reprinted by permission of Farra, Staus and Giroux, LLC. Reprinted by Permission of International Creative Management, Inc. Copyright © 2013 by Michael J. Sandel.

Chapter 2
From: *The Concept of Mind*, Gilbert Lyle, Copyright 2013 and Publisher. Reproduced by permission of Taylor & Francis Books UK.

Chapter 3
From *After Virtue: A Study in Moral Theory*, The Third Edition, Alasdair MacIntyre, University of Notre Dame Press, Copyright 2013. Reproduced by permission of University of Notre Dame Press.

Chapter 4
We require acknowledgement to Bernard Williams, "The amoralist" in *Morality, An Introduction to Ethics*. 1976, ©Bernard Williams, reissued by the Cambridge University Press 1976, reproduced with permission.

Chapter 5
From "The First Person" in *The Collection Papers of G.E.M. Anscombe volume II: Metaohysucs and the Philosophy of Mind*, G.E.M. Anscombe, Basil Blackwell, 1981, reproduced by permission.

英語で読む哲学

● 2013年2月1日　初版発行 ●
● 2025年6月6日　4刷発行 ●

● 編　者 ●

入不二　基義

● 著　者 ●

北野　安寿子
小池　翔一
小山　悠
壁谷　彰慶
今村　健一郎

Copyright © Motoyoshi Irifuji, Yasuko Kitano, Shoichi Koike,
Yu Koyama, Akiyoshi Kabeya, Kenichro Imamura, 2013

発行者　●　吉田　尚志
発行所　●　株式会社　研究社
〒102-8152　東京都千代田区富士見2-11-3
電話　営業 03-3288-7777（代）　編集 03-3288-7711（代）
振替　00150-9-26710
https://www.kenkyusha.co.jp/

装丁・本文レイアウト　●　mute beat
印刷所　●　TOPPANクロレ株式会社
ISBN978-4-327-45254-4　C1010　Printed in Japan

価格はカバーに表示してあります。
本書の無断複写（コピー）は著作権法上での例外を除き、禁じられています。
落丁本、乱丁本はお取り替え致します。
ただし、古書店で購入したものについてはお取り替えできません。